DIESE GRÜNE

Bucket-List

GEHÖRT:

....

INHALT

VORWORT

Im Grunde besteht unser ganzes Leben aus kleinen wie großen Herausforderungen. Herausforderungen können spannend, lehrreich, erfreulich, interessant und auch inspirierend sein. Sie sind facettenreich und bunt wie das Leben selbst. Herausforderungen bereichern uns, und ohne sie könnten wir uns nicht weiterentwickeln.

In dieser Grünen Bucket List habe ich **90 Herausforderungen** in Form von Challenges zum Abhaken für dich zusammengetragen. Diese Challenges sollen dich keinesfalls unter Druck setzen. Du musst sie nicht in der angegebenen Reihenfolge und auch nicht exakt nach meinen Vorgaben umsetzen. Nimm sie vielmehr als Inspiration an und sieh sie als letzten kleinen Anstupser, deinen Alltag Schritt für Schritt nachhaltiger zu gestalten.

Die Challenges sind in jedem Kapitel geordnet nach den Schwierigkeitsgraden **Anfänger, Fortgeschrittene** und **Experten.** Doch diese Einteilung mag teils ein wenig subjektiv sein. Was dem einen schwer fällt, fällt dem anderen leicht – und andersherum. Scheu dich daher nicht, beispielsweise mit einer Fortgeschrittenen-Challenge einzusteigen. Und gewiss ist es keine Schande, wenn du trotz längerer Erfahrung eine Anfänger-Challenge noch nicht sofort abhaken kannst.

Schließlich ist das nachhaltige Leben kein Wettbewerb. Es geht nicht darum, wer der bessere Öko ist. Es geht darum, anzufangen und etwas zu verändern, etwas zu bewegen. Jeder Schritt zählt. Niemand muss und kann perfekt sein. **Daher gilt: Fang noch heute an! Egal wie klein der Schritt ist.**

Ich wünsche dir ganz viel Freude auf deiner persönlichen Reise hin zu mehr Nachhaltigkeit im Alltag. Neben den Challenges findest du am Ende dieses Buchs einige Fakten und wissenswerte **Informationen zum Nachschlagen.** Darunter ist auch ein umfangreicher Saisonkalender. Mit diesem Zusatzmaterial kann ich dich hoffentlich bei der Umsetzung der Challenges unterstützen.

Teile deine Erfolge sowie offene Fragen gerne auf Instagram mit dem Hashtag **#einfachnachhaltigleben** und vernetze dich so mit Gleichgesinnten. Denn: Gemeinsam können wir viel mehr bewegen als allein!

Also dann: Los geht's!

MEINE ERFOLGE

Notiere zu Beginn auf diesen beiden Seiten alle Erfolge, die du bei der Umstellung zu nachhaltigen Alternativen bereits verbuchen durftest. Halte dir diese Erfolge stets vor Augen und feiere sie! Nach und nach kannst du auch die Challenges deiner Grünen Bucket List ergänzen.

[CHALLENGES]

HAUSHALT

CHALLENGE
ANFÄNGER

1

EINE MÜLLANALYSE DURCHFÜHREN

Der Müll ist schon wieder schneller voll, als du gucken kannst? Durch einfache Maßnahmen lässt sich das Müllaufkommen deutlich reduzieren. Zwar wird bei uns in Deutschland das ein oder andere Produkt recycelt, dennoch sollte die Vermeidung von Müll das vorrangige Ziel sein.

SO GEHT'S

Trage in die Spalte „**Produkt**" der Tabelle sämtlichen Müll aus deinem **Gelben Sack** ein. Jetzt sofort. Ohne vorher bewusst weiteren Plastikmüll einzusparen.

In die Spalte „**Maßnahme**" notierst du alle Ideen, die dir einfallen, um die Plastikverpackungen zukünftig einzusparen. Statt Tetra paks zu kaufen, kannst du beispielsweise auf Getränke in Mehrweg-Glasflaschen sowie Leitungswasser zurückgreifen.

PRODUKT	MASSNAHME

CHALLENGE
GESCHAFFT

CHALLENGE
ANFÄNGER

2

PRODUKTE IN MEHRWEG KAUFEN

Im Dezember 2018 wurde im EU-Parlament ein Verbot für Einwegplastik verabschiedet. Im Jahr 2021 tritt das Verbot in Kraft. Betroffen sind vor allem Drogerieprodukte, wie Ohrstäbchen. Doch auch für Produkte im Supermarkt gibt es bereits Alternativen ohne Plastikverpackung.

SO GEHT'S

Oftmals müssen wir am Supermarktregal bloß zu einem anderen Produkt greifen. Statt zum Joghurt im Plastikbecher zum Joghurt im Mehrweg-Pfandglas. Statt zum Saft im Tetra pak zum Getränk in der Mehrweg-Glasflasche.

Bei einigen anderen Produkten können wir bereits zu Hause daran denken, Dose, Gemüsenetz und Brotbeutel einzupacken. Verschiedenste Lebensmittel können von der/dem Verkäufer*in problemlos in selbst mitgebrachte Gefäße gegeben werden.

	ICH HABE SCHON ERSETZT …
○	Joghurt im Mehrweg-Pfandglas
○	Milch in der Mehrweg-Pfandflasche
○	Saft in der Mehrweg-Pfandflasche
○	Wasser in der Mehrweg-Pfandflasche
○	Käse/Wurst in der selbst mitgebrachten Dose
○	Brot/Brötchen im selbst mitgebrachten Beutel
○	Obst/Gemüse im selbst mitgebrachten Beutel/Netz
○	Nudeln/Reis/Nüsse & Co im selbst mitgebrachten Behälter
○	Kaffeebohnen im selbst mitgebrachten Behälter
○	Tofu in der selbst mitgebrachten Dose
○	
○	

CHALLENGE
GESCHAFFT

CHALLENGE
ANFÄNGER

3

TO-GO-GETRÄNKE AUS DEM MEHRWEG-BECHER TRINKEN

In Berlin gehen pro Stunde 20.000 Einwegbecher über die Theken. Deutschlandweit sind es jährlich 2,8 Milliarden Stück. Das macht im Schnitt 34 Becher pro Kopf. Stell dir diese Menge einmal auf einem Haufen vor. Dieser Müllberg lässt sich durch eine simple Maßnahme vermeiden.

SO GEHT'S

Die Maßnahme lautet: Leg dir einen Mehrwegbecher zu, der perfekt zu dir passt. Die Auswahl an Mehrwegbechern auf dem Markt ist mittlerweile nahezu unüberschaubar groß. Investiere daher ein wenig Zeit in die Recherche nach dem optimalen Modell. Je nach Bedürfnissen ist ein anderer Becher optimal. Es gibt sie schließlich aus den unterschiedlichsten Materialien, in verschiedensten Formen und Farben. Die Aspekte in der Tabelle können dir bei der Entscheidungsfindung helfen.

MATERIAL	Edelstahl, Glas, Kunststoff, Bambus, Keramik
ISOLIERFUNKTION	ja oder nein
FASSUNGSVERMÖGEN	gängig: 200–500 ml
DESIGN	bunt gemustert oder schlicht und minimalistisch
FUNKTIONEN	faltbar, austauschbarer Deckel, leichte Reinigung

TIPP

Hast du deinen Mehrwegbecher doch einmal vergessen, findest du mittlerweile immer mehr Cafés, Restaurants und Bäckereien, die Mehrweg-Pfandbecher wie den **RECUP** anbieten.

HAUSHALT

CHALLENGE GESCHAFFT

CHALLENGE
FORTGESCHRITTENE

1

MEINE VORRÄTE AUFBRAUCHEN

Fast ein Drittel der produzierten Lebensmittel landet im Müll. Ein großer Teil des Lebensmittelmülls fällt bei Landwirten, dem Handel oder in der Gastronomie an. Auch in Privathaushalten wirft jede Person durchschnittlich 85,2 Kilo Essen im Jahr weg. Diese Zahl haben wir in der Hand!

SO GEHT'S

- kein Lebensmitteleinkauf für 14 Tage
- nur Obst & Gemüse darf nachgekauft werden (soweit keins im Tiefkühlfach ist)
- alle vorhandenen Lebensmittel, so gut es geht, aufbrauchen
- werde kreativ und entwickle bei Bedarf neue Rezepte

Die **#eatupchallenge** stammt von dem Blog **The OGNC**, der sich mit allen Themen rund um Nachhaltigkeit mit dem Fokus auf Minimalismus beschäftigt. Ziel der Challenge ist es nicht nur die Lebensmittelvorräte aufzubrauchen, ehe sie ablaufen, sondern sich gleichzeitig darüber bewusst zu werden, was man gerne isst und was nicht. Die ungeliebten Lebensmittel müssen künftig nicht mehr gekauft werden.

DAS HABE ICH AUFGEBRAUCHT	
HABE ICH GERNE GEGESSEN	MAG ICH NICHT SO GERNE

CHALLENGE
GESCHAFFT

CHALLENGE
FORTGESCHRITTENE

2

MEIN ZERO-WASTE-EQUIPMENT ZUSAMMENSTELLEN

Auch in Kleinstädten werden immer mehr Unverpacktläden eröffnet. Das verpackungsfreie(re) Einkaufen wird zudem auf dem Wochenmarkt, im Hofladen oder durch Abfüllstationen im Bio-Supermarkt erleichtert. Manche Asia-Märkte verkaufen Tofu auch in der mitgebrachten Dose.

SO GEHT'S

Für den unverpackten Einkauf bedarf es ein klein wenig mehr Planung und Vorbereitung als beim herkömmlichen Einkauf, das stimmt. Am nachhaltigsten ist es, sich sein Equipment dafür aus Behältnissen zusammenzustellen, die man ohnehin im Haushalt hat, und sich nur vereinzelt neue Dosen, Beutel und Co. zulegen. Je entspannter man es angeht, desto schneller kann der unverpackte Einkauf zur Gewohnheit werden.

ZWECK	VERMUTLICH IM HAUSHALT	
Bevorraten von trockenen Lebensmitteln	ausgespültes Altglas	●
Transport von feuchten Lebensmitteln (z. B. Käse)	Dose	●
Transport von trockenen Lebensmitteln (z. B. Nudeln)	Stoffbeutel aus Stoffresten (z. B. altes T-Shirt/Bettlaken) selber nähen	●
Transport des Einkaufs	Beutel/Tasche/Rucksack	●
		●
		●

CHALLENGE
GESCHAFFT

CHALLENGE
FORTGESCHRITTENE

3

AUF DEM WOCHENMARKT EINKAUFEN

Auf dem Wochenmarkt lernt man immer wieder neue, regionale Gemüse- und Obstsorten kennen, zu denen man dem/der Landwirt*in hinter dem Marktstand all seine Fragen stellen kann. Dank eigenem Beutel wird der Markteinkauf mühelos zum unverpackten Einkauf.

SO GEHT'S

Recherchiere die Uhrzeiten der Marktöffnungszeiten in deiner Nähe. Sollte es in deiner näheren Umgebung keinen regelmäßigen Wochenmarkt geben, kannst du alternativ nach Bauernhöfen mit Hofladen Ausschau halten. Auch dort kannst du meist unverpackt einkaufen, saisonale Lebensmittel aus der Region beziehen und in den direkten Kontakt mit den Erzeuger*innen treten. Notiere dir, was du alles vom Markt benötigst, und packe genügend Beutel und gegebenenfalls Dosen/Gläser für feuchte Lebensmittel, wie etwa Käse, ein.

MEIN EINKAUFSZETTEL	
PRODUKT	STÜCK / GRAMM

CHALLENGE
GESCHAFFT

CHALLENGE
EXPERTEN

1

EIN UPCYCLING-PROJEKT UMSETZEN

Müll ist nicht gleich Müll. Das ist teils ganz subjektiv. Bei Sperrmüll fällt das ganz besonders auf. Über die Dinge, die der eine wegwirft, würde sich ein anderer sehr freuen. Auch in unserem Hausmüll finden wir immer wieder „Müll", den wir ganz wunderbar weiterverwenden können.

SO GEHT'S

Behalte das einmal im Hinterkopf und frage dich bei geeigneten Gegenständen „Kann ich das noch für etwas anderes gebrauchen?", ehe du sie wegwirfst. Eventuell hast du in der Garage ein Regal, in dem du Sachen für den Sperrmüll sammelst. Nimm auch diese nochmals ganz genau unter die Lupe. Bestimmt fallen dir kreative Ideen ein. Zur Inspiration kannst du dich dieser kleinen Liste mit Upcycling-Ideen bedienen.

10 SIMPLE UPCYCLING-PROJEKTE

1. Vasen aus Altglas
2. Stofftaschentücher aus Altkleidern
3. Tablett aus einer Schublade
4. Topfuntersetzer aus Weinkorken
5. Stiftebecher aus Konservendosen
6. Geschenkverpackungen aus Zeitungspapier
7. Stiftemäppchen aus Tetrapack
8. Tasche aus alter Jeans
9. Beistelltisch aus zusammengebunden Zeitschriften
10. Tasse als Pflanzentopf

CHALLENGE
GESCHAFFT

CHALLENGE
EXPERTEN

2

EINEN DIY-REINIGER HERSTELLEN

Die Supermarktregale sind voll mit Spezialreinigern für den Haushalt, die oftmals gefährliche Inhaltsstoffe für die Umwelt und unsere eigene Gesundheit enthalten. Dabei benötigen wir diese in den wenigsten Fällen. Die meisten Reiniger lassen sich ganz einfach selber herstellen.

DIY-BACKOFENREINIGER

Die meisten Reiniger lassen sich aus nur fünf Zutaten ganz einfach selber herstellen: Soda, Natron, Zitronensäure, Kernseife und Essigessenz. Diese DIY-Anleitung für einen Backofenreiniger zeigt deutlich, dass sich auch hartnäckiger Schmutz mit selber gemachten Reinigern entfernen lässt.

ZUTATEN

50 ml Spülmittel
100 g Natron
50 ml Essigessenz
100 ml Wasser

ANWENDUNG

1. Alle Zutaten in eine verschließbare Flasche geben und ordentlich schütteln. Vor jeder Anwendung erneut schütteln.
2. Die Bleche des Backofens zur Hälfte mit Wasser befüllen und mit dem Reiniger auffüllen.
3. Die Wände und den Boden des Backofens mit der Reinigerflüssigkeit bedecken.
4. Die Bleche in den Ofen geben und diesen für etwa 30 Minuten auf 120 Grad laufen lassen.
5. Nach einer halben Stunde den Ofen ausstellen und ein wenig abkühlen lassen.
6. Selbst eingetrocknete Krusten sollten sich nun mit einem Schwamm oder einer Bürste leicht entfernen lassen. Bei Bedarf den Prozess wiederholen.

CHALLENGE
GESCHAFFT

CHALLENGE
EXPERTEN

3

EINEN PLASTIKFREIEN MONAT EINLEGEN

Was meinst du: Schaffst du es, einen Monat lang überhaupt keinen Plastikmüll zu produzieren? Dies ist gewiss eine große Herausforderung, aber auch eine tolle Möglichkeit, seinen eigenen Plastikkonsum zu reduzieren. Nach dieser Challenge wirst du ein wahrer Plastikfrei-Profi sein!

SO GEHT'S

Mach es dir zur Aufgabe, einen ganzen Monat lang keinen Plastikmüll zu produzieren. An vielen Stellen wird es dir gewiss viel leichter fallen, als du zunächst vermutest. An anderen Stellen musst du womöglich eine Zeit lang nach für dich passenden Alternativen suchen. Lass dich nicht entmutigen, wenn du diese Alternativen nicht sofort findest, sondern notiere dir diese Produkte in der Tabelle und sieh es als freudige Herausforderung an, nach und nach Alternativen zu finden.

DAFÜR MÖCHTE ICH NOCH EINE PLASTIKFREIE ALTERNATIVE FINDEN	
PRODUKT	ALTERNATIVE

CHALLENGE GESCHAFFT

[CHALLENGES]

KOSMETIK

CHALLENGE
ANFÄNGER

1

DAS BADEZIMMER AUSMISTEN

Auch hier macht es Sinn, mit einer Bestandsaufnahme zu starten. Solch eine Bestandsaufnahme kann gleichzeitig immer mit Ausmisten und Aufräumen verbunden werden. Dieser Prozess hilft dabei, sich im ersten Schritt seines Kosmetikkonsums bewusst zu werden.

SO GEHT'S

Breite alle Produkte aus deinem Badezimmer auf dem Boden aus. Wie viele Produkte haben sich angesammelt? Wie viele davon hast du in den letzten Wochen benutzt? Magst du all diese Produkte? Im nächsten Schritt bildest du vier Haufen.

1. HAUFEN: ENTSORGEN

In der Regel riechst und siehst du, ob ein Produkt abgelaufen ist. Bei medizinischen Produkten oder auch Sonnencreme solltest du das Ablaufdatum beachten, da diese Produkte nach dem Verfall ihre Wirkung verlieren.

2. HAUFEN: VERSCHENKEN

Mit vielen Produkten, die du nicht mehr brauchst, kannst du gewiss Familie und Freunden eine Freude machen.

3. HAUFEN: AUFBRAUCHEN

Stelle alle angebrochenen Produkte gut sichtbar bereit, sodass du diese Reste zunächst aufbrauchst, eh du ein neues Produkt öffnest oder kaufst.

4. HAUFEN: DARF BLEIBEN

Bestimmt hast du bereits den ein oder anderen Naturkosmetikliebling gefunden. Diese Produkte sollen natürlich bleiben und dürfen direkt wieder an ihren Platz im Schrank zurück.

CHALLENGE
GESCHAFFT

CHALLENGE
ANFÄNGER

2

BEWUSST MIKROPLASTIK VERMEIDEN

Mikroplastik begegnet uns etwa als gelöste Fasern von synthetischen Kleidungsstücken im Abwasser. Doch auch viele unserer Kosmetikprodukte enthalten Mikroplastik. Dieses wird dort von den Herstellern ganz bewusst hineingegeben. Dabei geht's auch prima ohne.

SO GEHT'S

Installiere auf deinem Smartphone eine App, mit der man per Scannen prüfen kann, ob ein Produkt Mikroplastik enthält. Prüfe von nun an jedes Kosmetikprodukt vor dem Einkauf. Nimm auch die Kosmetikprodukte, die du Zu Hause hast und schon lange nutzt, unter die Lupe. Suche gegebenenfalls nach Alternativen.

MEIN APP-TIPP: CODECHECK

Mit dieser konstenfreien App weißt du dank eines Ampelsystem nach dem Scannen sofort, ob ein Kosmetikprodukt unbedenklich (grün), bedenklich (gelb) oder sehr bedenklich (rot) ist. Die Einschätzung wird detailliert aufgeschlüsselt, wodurch du erfährst, ob das Produkt etwa Mikroplastik oder Palmöl enthält. Die Codecheck-App kannst du außerdem auch zur Überprüfung von Lebensmitteln nutzen.

FÜR DIESE PRODUKTE MÖCHTE ICH MIKROPLASTIKFREIE ALTERNATIVEN SUCHEN

PRODUKT	ALTERNATIVE

CHALLENGE
GESCHAFFT

CHALLENGE
ANFÄNGER

3

LANGSAM AUF NATURKOSMETIK UMSTELLEN

Zertifizierte Naturkosmetikprodukte sind frei von Mikroplastik und enthalten ausschließlich Inhaltsstoffe, die uns und der Umwelt nicht schaden. Da der Begriff „Naturkosmetik" leider nicht geschützt ist, sollte man auch bei als solche beworbenen Produkten genauer hinschauen.

SO GEHT'S

Nachdem du die Produkte in deinem Badezimmer ausgemistet und alle genauer unter die Lupe genommen hast, gibt es bestimmt ein paar Produkte, die du ersetzen möchtest. Du musst nicht sämtliche konventionellen Produkte entsorgen und von heute auf morgen zu 100 % auf Naturkosmetik umsteigen. Das wäre gewiss nicht der nachhaltigste Weg. Brauche Reste zunächst auf und steige dann Schritt für Schritt auf Naturkosmetikprodukte um.

Notiere dir, welche Produkte du ersetzen möchtest. Recherchiere frühzeitig, also bevor sich das Produkt dem Ende neigt, welche Alternative für dich infrage kommt. Studiere die Inhaltsstoffe, lese Testberichte und frage im Freundes- und Familienkreis nach Empfehlungen. So vermeidest du Spontankäufe, die zu Frustration führen.

ALTES PRODUKT	NATURKOSMETIK-ALTERNATIVE	ZUFRIEDEN	UNZUFRIEDEN

CHALLENGE GESCHAFFT

CHALLENGE
FORTGESCHRITTENE

1

EINWEGPRODUKTE IM BADEZIMMER ERSETZEN

Beginnt man seine Reise hin zu einem nachhaltigeren Alltag gerade erst, gibt es im Badezimmer oftmals ein großes Plastikeinsparpotenzial. Bei dieser Challenge nehmen wir uns zunächst gezielt die Einwegprodukte vor, für die es tolle Mehrwegalternativen gibt.

SO GEHT'S

Wattepads, Einwegrasierer, Tampons – all das sind Produkte, die du vielleicht lange aus reiner Gewohnheit genutzt hast. Ersetze diese Einwegprodukte ganz nach deinen Bedürfnissen nach und nach durch nachhaltige Mehrwegvarianten.

STATT...	NEHME ICH JETZT...	
Einwegrasierer	Rasierhobel	
Wattepads	waschbare Abschminkpads	
Plastik-Wattestäbchen	waschbarer Ohrreiniger	
Tampons/Binden	Menstruationstasse/Stoffbinden/ Periodenunterwäsche	
Feuchte Abschminktücher	Waschlappen	
Einweg-Zungenreiniger aus Plastik	Zungenreiniger (Kupfer oder Edelstahl)	
Kosmetiktücher	Stofftaschentücher	
Toilettenpapier	Po-Dusche	

CHALLENGE
GESCHAFFT

CHALLENGE
FORTGESCHRITTENE

2

MEINE KOSMETIKPRODUKTE REDUZIEREN

Bodylotion, Conditioner, Augencreme, Badezusatz, Lippenpflege – für jeden Bereich werden viele Spezialprodukte angeboten. Einige davon haben gewiss ihre Berechtigung. Andere können durch simple und natürliche Produkte, die gleich mehrere Zwecke erfüllen, ersetzt werden.

SO GEHT'S

Schau dir alle deine Kosmetikprodukte ganz genau an und beantworte die folgenden Fragen: In welchem Bereich haben sich viele Spezialprodukte angesammelt? Welche Produkte können gleich mehrere Zwecke erfüllen? Reduziere daraufhin nach und nach die Anzahl deiner Kosmetikprodukte.

ÖL (MANDEL, JOJOBA, OLIVE, ROSE, ARGAN)	Abschminken
	statt Gesichtscreme
	statt Bodylotion
	Haarspitzen
	Badezusatz
	Babypflege
APFELESSIG mit kaltem Wasser verdünnt	Haarspülung
	Gesichtswasser (nicht für jeden Hauttyp)
HONIG (+ ZUCKER)	Lippenpeeling
	Gesichtsmaske

KOSMETIK

CHALLENGE GESCHAFFT

CHALLENGE
FORTGESCHRITTENE

3

FESTE STATT FLÜSSIGE PRODUKTE

Feste Kosmetikprodukte können in Papier verpackt werden und sind in der Regel deutlich ergiebiger als die flüssige Variante. So kannst du durch diese Umstellung jede Menge Plastikmüll einsparen und trägst zudem dazu bei, dass weniger Shampoo und Co. in das Abwasser gelangt.

SO GEHT'S

Begib dich im Badezimmer auf die Suche nach flüssigen, in Plastik verpackten Kosmetikprodukten. Welche davon neigen sich bald dem Ende und können als Nächstes ersetzt werden? Gehe bei der Umstellung Schritt für Schritt vor und brauche zunächst Angebrochenes auf.

DIESE PRODUKTE HABE ICH BEREITS ERSETZT			
Shampoo	●	Lippenpflege	●
Deodorant	●	Körperlotion	●
Handwaschseife	●	Handcreme	●
Zahnpasta	●	Badezusatz	●
Conditioner	●	Peeling	●
Haarspülung	●		●
Gesichtsseife	●		●

TIPP

Nach dem Wachen mit Haarseife können sich fettige Rückstände auf den Haaren bilden. Mit einer Spülung aus 1 Liter kaltem Wasser und 2 EL Apfelessig kann dem entgegengewirkt werden. Eine Umstellungszeit von etwa drei Wochen ist hierbei nicht ungewöhnlich.

CHALLENGE GESCHAFFT

CHALLENGE
EXPERTEN

1

EIN KOSMETIK-PRODUKT HERSTELLEN

Bei einem Blick auf die Liste der Inhaltsstoffe von Kosmetikprodukten kann einem schnell schwindelig werden. Dabei können wir mit wenigen natürlichen Inhaltsstoffen einige Kosmetikprodukte ganz einfach selber herstellen und sparen damit Ressourcen und Geld.

DIY-LIPPENBALSAM

Dieser Lippenbalsam kommt mit nur drei Zutaten aus, und die Zubereitung benötigt gerade einmal fünf Minuten Zeit: Das Kokosöl bekommt man im Supermarkt, das Bienenwachs und die Sheabutter kann man in einer Apotheke bestellen. In ein schönes Gläschen gefüllt, eignet es sich auch prima zum Verschenken.

ZUTATEN

20 g Kokosöl
20 g Bienenwachs
20 g Sheabutter
optional: Rest eines Lippenstifts

HERSTELLUNG

1. Spüle ein altes Glasgefäß, etwa von einer Tomatensauce, gründlich aus. Stelle dieses in einen mit ein wenig Wasser gefüllten Topf und erhitze das Wasser auf dem Herd.
2. Gib alle Zutaten in das Glas und schmelze sie im Wasserbad. Rühre dabei stetig. Ist das Wasser einmal heiß, sollte dieser Vorgang etwa 2 Minuten dauern.
3. Sobald das Gemisch aus dem Wasserbad kommt, erhärtet es recht zügig. Leg dir daher deine Gefäße bereit und fülle den Lippenbalsam direkt vom Wasserbad in diese hinein.

CHALLENGE
GESCHAFFT

CHALLENGE
EXPERTEN

2

EIN MONAT MAKE-UP-FREI

Mascara, Lidschatten und Co. sind meist in Plastik verpackt. Ein bewusster Umgang mit Schminke ist ein toller Schritt in eine nachhaltigere Richtung. Wer einen Monat ganz ohne Schminke auskommt, für den wird auch eine langfristige Reduzierung ein Kinderspiel sein.

SO GEHT'S

Verzichte einen ganzen Monat lang komplett auf Make-up. Nimm dir die gewonnene Zeit am Morgen bewusst für dich. Trink einen Tee oder gönn dir ein besonderes Pflegeritual. So wird dein Make-up-freier Monat noch schöner für dich. Am Ende dieses Monats kannst du Bilanz ziehen. Wie hast du dich dabei gefühlt? Hat dir deine Schminke sehr gefehlt? Nach einem Make-up-freien Monat merkt man, welche Produkte man vielleicht vermisst hat und auf welche man getrost weiter verzichten kann.

MEIN KLEINES TAGEBUCH	
So habe ich mich während des Make-up-freien Monats gefühlt	Diese Produkte habe ich wirklich vermisst

CHALLENGE
GESCHAFFT

CHALLENGE
EXPERTEN

3

DREI MONATE KEINE KOSMETIKPRODUKTE KAUFEN

Solch eine Aufbrauch- oder Shopping-Pause-Challenge lädt immer auch ein wenig dazu ein, kreativ zu werden. Sollte in dem Zeitraum, den du dir gesteckt hast, doch etwas leer werden und du benötigst einen Ersatz, lässt sich das meist auch ohne Einkauf lösen.

SO GEHT'S

Bei Kosmetikprodukten kannst du beispielsweise überlegen, ob du ein ähnliches Produkt nicht aus Zutaten, die du sowieso schon zu Hause hast, selber herstellen kannst. Etwa ein Lippenpeeling aus Honig und Zucker. Oder du tauschst dich mit Familienmitgliedern und Freunden aus, ob sie das benötigte Produkt nicht daheim als „Schrankleiche" im Badezimmer haben und dir gerne vermachen.

DAS HABE ICH IN DEN DREI MONATEN AUFGEBRAUCHT

DAS HABE ICH IN DEN DREI MONATEN HERGESTELLT ODER ERHALTEN

CHALLENGE
GESCHAFFT

[CHALLENGES]

WOHNEN

CHALLENGE
ANFÄNGER

1

MEINE HEIZKÖRPER WINTERFIT MACHEN

Heizen verbraucht 70% des Energiebedarfs im Bereich Wohnen. Mit der richtigen Raumtemperatur kann Energie eingespart werden. Für die Wohnbereiche sind 20 bis 22 Grad in der Regel optimal, in der Küche genügen 18 Grad, und im Schlafzimmer sollte es nur 16 bis 18 Grad warm sein.

SO GEHT'S

Es gibt noch ein paar weitere Tricks, mit denen du zusätzlich Energie einsparen kannst. Damit tust du nicht nur der Umwelt etwas Gutes, sondern auch deinem Bankkonto. Setze so viele Punkte wie möglich vor der nächsten Heizsaison um.

DAS SIND MEINE TO-DO'S	
●	Alle Heizkörper entlüften
●	Alle Heizkörper gründlich entstauben
●	In jedem Raum die optimale Heiztemperatur einstellen
●	Veraltete Thermostate austauschen
●	Die Wände hinter den Heizkörpern zusätzlich isolieren
●	Den Platz vor und neben den Heizkörpern für die Luftzirkulation freiräumen
●	Die Türen der Räume geschlossen halten, damit keine Wärme entweicht
●	Dreimal täglich 10 Minuten Stoßlüften, Heizung dabei ausstellen
●	Nachts die Rollläden schließen, um den Wärmeverlust zu reduzieren
●	Eine veraltete Heizungsanlage (unter Umständen) komplett austauschen

CHALLENGE
GESCHAFFT

CHALLENGE
ANFÄNGER

2

ALLE GERÄTE KOMPLETT AUSSCHALTEN

Im Schnitt gibt ein Drei-Personen-Haushalt etwa 100 Euro Stromkosten pro Jahr für den Stand-by-Modus aller Geräte aus. Das ist nicht nur eine Menge Geld, sondern ebenso in der Summe reichlich CO_2-Emission, die mit ein paar Handgriffen eingespart werden kann.

SO GEHT'S

Die Leuchte des Fernsehers im Stand-by-Modus kennen wir vermutlich alle. Doch selbst die Waschmaschine verbraucht im Ruhezustand stets ein wenig Strom und auch das Handyladekabel, an dem kein Handy zum Laden angeschlossen ist, tut es.

Das Ladekabel sollte daher stets aus der Steckdose gezogen werden, sobald der Ladevorgang abgeschlossen ist. Im besten Fall lädst du nicht die gesamte Nacht über, sondern nur so lange, bis das Gerät vollständig aufgeladen ist.

Der Stand-by-Modus von Fernseher, Stereoanlage & Co. kann mithilfe von Mehrfachsteckdosen mit Kippschalter mühelos beendet werden. Prüfe nach und nach jeden Raum auf unnötige Stand-by-Stromfresser und beseitige diese.

- Wohnzimmer
- Schlafzimmer
- Küche
- Badezimmer
- Flur
- Kinderzimmer
- Büro
-
-

CHALLENGE
GESCHAFFT

CHALLENGE
ANFÄNGER

3

BEIM WÄSCHE-WASCHEN ENERGIE EINSPAREN

Bei vielen elektronischen Geräten können wir deren Gebrauch reduzieren, um Strom zu sparen. Doch um das Wäschewaschen kommt wohl niemand herum. Mit ein paar Tricks gelingt es jedoch, auch bei der Benutzung der Waschmaschine Energie einzusparen.

SO GEHT'S

Setze so viele Tipps wie möglich um. Nachdem du dich einmal damit auseinandergesetzt hast, werden sie gewiss schnell zur Routine.

TIPP 1: BELADE DIE WASCHMASCHINE STETS VOLL

Wenn du nur voll beladen wäschst, reduzierst du automatisch die Anzahl deiner Waschgänge pro Jahr. Dass du dadurch Energie einsparst, liegt auf der Hand.

TIPP 2: WÄHLE MÖGLICHST EINE NIEDRIGE WASCHTEMPERATUR

Beim Waschgang wird die meiste Energie für das Erhitzen des Wassers benötigt. Im Grunde reicht es, Bettwäsche, Handtücher und Putzlappen bei 60 Grad zu waschen. Die restliche Wäsche wird auch bei 30 Grad sauber.

TIPP 3: VERZICHTE AUF DIE VORWÄSCHE

Da unsere Kleidung in der Regel nicht sonderlich stark verschmutzt, kann in den meisten Fällen auf eine Vorwäsche getrost verzichtet werden. Viele Waschmaschinen besitzen zudem die Option „kurz", welche die Waschzeit um ein paar Minuten verkürzt.

TIPP 4: REDUZIERE DIE UMDREHUNGEN BEIM SCHLEUDERGANG

Wäsche sollte nicht allzu nass in den Trockner gegeben werden. Daher ist eine höhere Schleuderzahl an der Stelle sinnvoll. Wird Wäsche jedoch auf der Leine getrocknet, kann die Umdrehungszahl des Schleudergangs meist problemlos reduziert werden.

TIPP 5: PFLEGE DEINE WASCHMASCHINE

Lagert sich mit der Zeit Kalk und Schmutz im Inneren der Waschmaschine ab, verbraucht diese dadurch mehr Strom. Entkalke und reinige deine Maschine daher regelmäßig. So verlängerst du zudem die Lebenszeit des Geräts.

CHALLENGE
GESCHAFFT

CHALLENGE
FORTGESCHRITTENE

1

EIN MÖBELSTÜCK REPARIEREN

Die Lebenszeit von Möbelstücken hat sich in den letzten Jahrzehnten deutlich reduziert. Ein Problem, das dabei eine Rolle spielt: Im Schnitt ist die Qualität unserer Möbel schlechter, und sie gehen daher schneller kaputt. Doch kleine Reperaturen kann man meist selber vornehmen.

SO GEHT'S

Ein abgebrochenes Bein am Sideboard, ein wackelndes Regalbrett oder eine gelöste Naht am Sofa – mit ein wenig Geschick oder entsprechender Hilfe kann man viele lädierte Möbelstücke wieder neu aufbereiten. Abgeplatzter Lack kann abgeschliffen und das Möbelstück ein weiteres Mal gestrichen werden. Ich habe bereits das ein oder andere Teil vom Sperrmüll gerettet und ihm ohne viel Aufwand einen neuen Look verpasst.

Werkzeug kann man sich oftmals auch von Freunden oder der Familie leihen. Über Portale wie **nebenan.de** kannst du außerdem mit Personen in deiner Nachbarschaft in Kontakt treten, bei denen du dir gewiss das benötigte Werkzeug borgen kannst. Alternativ kannst du Werkzeuge im Baumarkt auch mieten.

DIESES MÖBELSTÜCK MÖCHTE ICH REPARIEREN

DIESES MATERIAL BENÖTIGE ICH DAFÜR

DIESES WERKZEUG BENÖTIGE ICH DAFÜR

HILFE HOLE ICH MIR VON

CHALLENGE
GESCHAFFT

CHALLENGE
FORTGESCHRITTENE

2

MEIN NÄCHSTES MÖBELSTÜCK AUS ZWEITER HAND

Möbel aus zweiter Hand bringen meist eine Geschichte mit in den Wohnraum. Sperrmüllfunde oder Gegenstände, die man von Familie und Freunden vermacht bekommt, haben oftmals eine besondere Bedeutung. Etwa die alte Kommode oder ein schönes altes Teeservice der Uroma.

SO GEHT'S

Neben diesem emotionalen Aspekt spart man durch die Verwendung von Second-Hand-Möbeln natürlich auch Ressourcen, CO_2-Emissionen und nicht zuletzt Geld. Kaufe dein nächstes Möbelstück daher aus zweiter Hand. Auch wenn es unter Umständen ein wenig aufwendiger sein kann, das passende Second-Hand-Möbelstück zu finden, statt dieses einfach in der nächsten großen Möbelkette zu kaufen, lohnt es sich – für die Umwelt und das eigene Wohlbefinden, da der Wohnraum durch die Einzelstücke einen ganz besonderen Charme erhält.

ANLAUFSTELLEN FÜR MÖBEL AUS ZWEITER HAND

- Flohmarkt
- Online-Kleinanzeigen
- Anzeige in der Zeitung
- Soziale Netzwerke
- Aushang in Supermarkt/Bäckerei/Kindergarten/Pfarrheim
- Haushaltsauflösung
- Sperrmüll
- Sozialkaufhaus
- Familien- und Freundeskreis
- Nachbarschaft

CHALLENGE
GESCHAFFT

CHALLENGE
FORTGESCHRITTENE

3

EIN DIY-MÖBELSTÜCK BAUEN

Lebensmittel, Kosmetika, Putzmittel und eben auch Möbel können wir wie selbstverständlich viel zu günstig kaufen. Für diesen Preisdruck muss stets jemand bezahlen – meist die Produzenten. Wer selbst Hand anlegt, lernt den Aufwand, der dahintersteckt, erst richtig zu schätzen.

SO GEHT'S

Ein DIY-Möbelstück kannst du an deine Bedürfnisse und deinen Geschmack anpassen. Du musst keine Kompromisse eingehen. Achte darauf, dass die Rohstoffe, die du benötigst, möglichst nachhaltig bezogen oder hergestellt wurden. Greife so etwa auf Holz aus ökologischer Forstwirtschaft zurück. Vielleicht findest du im Keller oder der Garage sogar noch Material, das du für dein Projekt verwenden kannst.

MEIN DIY-MÖBELSTÜCK-PROJEKT

DIESES MATERIAL BENÖTIGE ICH DAFÜR

DIESES WERKZEUG BENÖTIGE ICH DAFÜR

HILFE HOLE ICH MIR VON

CHALLENGE
GESCHAFFT

CHALLENGE
EXPERTEN

1

ZU EINEM ÖKOSTROM-ANBIETER WECHSELN

Strom spielt in unserem Alltag eine große Rolle. Er ist allgegenwärtig und dennoch nicht sichtbar. Oftmals steht die Herkunft des Stroms daher nicht im Fokus bei der Umstellung zum nachhaltigeren Leben. Dabei ist der Wechsel denkbar einfach und die Wirkung weitreichend.

SO GEHT'S

Der Wechsel des Stromanbieters lässt sich in der Regel innerhalb eines Monats umsetzen, und der neue Anbieter kümmert sich um die Kündigung des alten Tarifs. Ein Wechsel ist kostenlos und lässt sich innerhalb von 10 Minuten realisieren. Je nach Tarif ist dein neuer Ökostrom vielleicht sogar günstiger oder kostengleich – du wirst überrascht sein!

Mittlerweile bietet beinahe jeder große Stromkonzern einen sogenannten Ökotarif an. Das macht es verlockend, beim aktuellen Stromanbieter zu bleiben und lediglich den Tarif zu wechseln.

Konventionelle Anbieter beziehen den Großteil des Stroms aus umweltschädlichen Quellen wie Braunkohle oder Atomkraft. Diese Produktion wird indirekt mit dem monatlichen Stromabschlag auch bei der Wahl des Öko-Tarifs desselben Anbieters weiterhin unterstützt.

Der Wechsel zu einem Ökostromanbieter setzt daher ein klares Zeichen. Ökostromanbieter beziehen ihren Strom zu 100 % aus erneuerbaren Quellen, wie Sonnenenergie, Wind- oder Wasserkraft. Zudem besitzen sie keine Beteiligung an Atomkraftwerken und investieren aktiv in den Ausbau erneuerbarer Energien.

TIPP

Auf Seite 120 findest du eine Liste mit Ökostromanbietern in Deutschland. Wähle nach einer Recherche den passenden Anbieter und wende dich an ihn mit deinem Wechselwunsch.

CHALLENGE
GESCHAFFT

CHALLENGE
EXPERTEN

2

MEINEN WOHNRAUM VERKLEINERN

Oftmals stellen wir uns bei der Wohnungssuche die Frage "Welche Miete kann ich mir leisten?" und nicht „Wie viel m^2 Wohnfläche benötige ich tatsächlich?". Nicht in wenigen Fällen besteht eine beachtliche Differenz zwischen den Antworten auf die beiden Fragen.

SO GEHT'S

Ein größerer Wohnraum bedeutet gleichzeitig mehr Heiz- und Stromkosten, mehr Flächenverbrauch, mehr Möbel zum Füllen, ein höherer Pflegeaufwand und nicht zuletzt mehr Miete. Durch den passenden Wohnraum kann an vielen Stellen eingespart werden, was den Alltag enorm erleichtert. Mit dem Fokus darauf könnten Neubauten deutlich kleiner dimensioniert werden, was Energie und Ressourcen einspart.

SO VIEL M^2 STEHT JEDER PERSON BEI UNS ZUR VERFÜGUNG

SO VIEL M^2 WÜRDE MIR/UNS AUCH GENÜGEN

SO VIEL GELD WÜRDE/N ICH/WIR DURCH DIE REDUZIERUNG DER WOHNFLÄCHE EINSPAREN

MEINE PERSÖNLICHEN PRO'S	MEINE PERSÖNLICHEN CONTRAS

CHALLENGE
GESCHAFFT

CHALLENGE
EXPERTEN

3

ERSETZE ALLE ALTEN ELEKTROGERÄTE

Eine Faustregel, die uns stets begleitet: Nutze das, was du hast, so lange wie möglich. Schließlich ist das der nachhaltigste Weg. Nicht ganz! Ab einem gewissen Zeitpunkt lohnt es sich, alte Elektrogeräte fachgerecht zu entsorgen und diese durch energiesparende Exemplare auszutauschen.

SO GEHT'S

Hier geht es nicht um die fünf Jahre alte Waschmaschine, sondern um so richtig alte Dinger. Die, die schon einige Male im Familien- und Freundeskreis weitergereicht worden sind und deren Funktionen meist auch nur noch eingeschränkt nutzbar sind.

Mit einem Strommessgerät kannst du prüfen, wie viel Strom ein einzelnes Gerät verbraucht. Vielleicht kannst du dir solch ein Messgerät ausleihen und einmal all deine Elektrogeräte durchchecken. Beim Kühlschrank sollte über einen längeren Zeitraum gemessen werden, da der Stromverbrauch, je nachdem wie oft die Tür geöffnet wird oder wie viele Lebensmittel sich im Inneren befinden, variiert.

Zu Neugeräten erhältst du vom Hersteller detaillierte Informationen zur Energieklasse und dem zu erwartenden Stromverbrauch. Liegt eine große Differenz zwischen dem Wert deines aktuellen Geräts und dem Neugerät, lohnt sich ein Austausch meist bereits nach verhältnismäßig kurzer Nutzungsdauer.

MEINE STROMFRESSER

Gerät	Stromverbrauch alt	Stromverbrauch neu

CHALLENGE
GESCHAFFT

[CHALLENGES]

ERNÄHRUNG

CHALLENGE
ANFÄNGER

1

EINEN 100 % REGIONALEN EINKAUF TÄTIGEN

Ein regionales Produkt wird innerhalb einer Region erzeugt, verarbeitet und vermarktet. Der Begriff „Region" ist nicht definiert. In manchen Supermärkten ist damit ein Umkreis von 10 Kilometern gemeint, manchmal auch nur die Herkunft aus Deutschland oder Europa.

SO GEHT'S

Mit dem Einkauf von Lebensmitteln aus deiner Region kannst du meist kleine landwirtschaftliche Betriebe unterstützen. Du kannst den direkten Kontakt zu den Erzeugern suchen und vielleicht sogar einen Einblick in die Produktion erhalten. Je nach Wohnort wird dir der regionale Einkauf sogar im Supermarkt gelingen. Am leichtesten wird er dir jedoch fallen, wenn du auf dem Wochenmarkt einkaufst oder einem Hofladen einen Besuch abstattest. Im Rahmen der Challenge wirst du vermutlich einige tolle neue Lebensmittel entdecken, die künftig immer in deinem Einkaufskorb landen.

MEIN REGIONALER EINKAUFSZETTEL		
PRODUKT	STÜCK / GRAMM	

CHALLENGE GESCHAFFT

ERNÄHRUNG

CHALLENGE
ANFÄNGER

2

EINEN 100 % SAISONALEN EINKAUF TÄTIGEN

Das Importwesen ermöglicht es uns, das ganze Jahr über alles zu essen. Saisonale Lebensmittel legen stattdessen nur kurze Wege zurück. Neben der Umwelt schonen sie auch den Geldbeutel: Saisonales Obst und Gemüse ist günstiger, da das Angebot in der Region deutlich höher ist.

SO GEHT'S

Informiere dich, welches Obst und Gemüse wann Saison hat. Ab S. 123 findest du einen umfangreichen Saisonkalender. Du wirst erstaunt sein, wie abwechslungsreich das Angebot an Obst und Gemüse bei uns in Deutschland ist. Recherchiere außerdem nach saisonalen Rezepten und fertige dir dafür einen saisonalen Einkaufszettel an.

MEIN SAISONALER EINKAUFSZETTEL		
PRODUKT	STÜCK / GRAMM	

CHALLENGE
GESCHAFFT

CHALLENGE
ANFÄNGER

3

EINEN 100 % BIOLOGISCHEN EINKAUF TÄTIGEN

Mit dem Kauf von Bio-Lebensmitteln unterstützt du die ökologische Landwirtschaft. Während Bio-Fleisch von artgerecht gehaltenen Tieren stammt, die nicht mit Antibiotika behandelt werden, profitiert dein Körper von ungespritztem Obst und Gemüse aus nachhaltigem Anbau.

SO GEHT'S

Bio ist nicht gleich Bio. Es gibt diverse Zertifikate für Bio-Lebensmittel, die auf unterschiedliche Standards hinweisen. Informiere dich daher vor deinem Einkauf, was genau hinter welchem Zertifikat steckt, und lege vorab für dich fest, welche Siegel deinen persönlichen Werten gerecht werden. Die Bio-Siegel auf S. 117 bieten dir eine gute Orientierung, um echte Bio-Lebensmittel zu erkennen.

MEIN BIOLOGISCHER EINKAUFSZETTEL

PRODUKT	STÜCK / GRAMM	
		●
		●
		●
		●
		●
		●
		●
		●
		●
		●
		●

CHALLENGE
GESCHAFFT

CHALLENGE
FORTGESCHRITTENE

1

EINEN SPEISEPLAN ERSTELLEN

Auf die simple Frage „Was essen wir heute Abend?" folgt oftmals Ratlosigkeit. Entweder wird so oft dasselbe gekocht, oder es landen planlos diverse Lebensmittel, von denen wenige Tage später einige aufgrund der fehlenden Planung weggeschmissen werden, im Einkaufswagen.

SO GEHT'S

Mit einem Speiseplan gelingt es dir, weniger Lebensmittel wegzuwerfen, strukturiert einzukaufen und abwechslungsreich zu kochen – und das ohne viel Aufwand. Du kannst deinen Speiseplan ganz simpel jeden Sonntagabend auf einem Blatt Papier notieren. Oder du schreibst in deinem Kalender zu jedem Tag hinzu, was es zu essen geben soll. Aus einem alten Bilderrahmen, Wäscheklammern und Holzstäbchen kannst du dir in nur wenigen Schritten auch einen DIY-Speiseplan basteln. Der dargestellte Speiseplan kann dir als Inspiration dienen.

CHALLENGE
GESCHAFFT

CHALLENGE
FORTGESCHRITTENE

2

MEINE LEBENSMITTEL RICHTIG LAGERN

Ein weiterer Grund, warum leider viele Lebensmittel im Müll landen: die falsche Lagerung und somit ein schnelles Verderben. Wenn du die Lagerung optimierst, produzierst du weniger Lebensmittelmüll und brauchst seltener Neues. Außerdem hast du länger etwas davon.

SO GEHT'S

Prüfe anhand der Liste, ob deine Lebensmittel am richtigen Platz lagern, und optimiere diesen bei Bedarf. Die gute alte Kartoffelkiste im Keller von Oma und Opa ist die optimale Lagerungsmöglichkeit für die „Erdäpfel". Oftmals fehlt uns in der Stadtwohnung dafür jedoch der Platz. Eine kleine Kiste in einer dunklen Schublade oder einem Schrank ist in diesem Fall ein guter Kompromiss.

OPTIMALE LAGERUNG VON LEBENSMITTELN	
LEBENSMITTEL	LAGERUNG
Brot	im Brotkasten bei Raumtemperatur
Kartoffeln	abgedunkelt und möglichst kühl
Salat	welke Blätter entfernen, Gemüsefach im Kühlschrank
Kräuter	in ein feuchtes Tuch wickeln und in einer Dose im Kühlschrank lagern oder wie einen Blumenstrauß in ein Glas Wasser stellen
Tomaten, Gurken, Paprika, Auberginen, Zucchini (enthalten alle viel Wasser)	15 Grad bis Raumtemperatur (nicht im Kühlschrank)
Beeren, Trauben, Kirschen, Birnen, Äpfel	Kühlschrank
Bananen, Orangen, Avocados, Mangos, Ananas, Zitronen	Obstkorb
Mehl, Salz, Zucker, Konserven, Trockenprodukte (Reis, Nudeln, Müsli)	dunkler Vorratsschrank, in luftdichten Vorratsgläsern
Zwiebeln und Knoblauch	Tongefäß mit Luftlöchern

ERNÄHRUNG

CHALLENGE GESCHAFFT

CHALLENGE
FORTGESCHRITTENE

3

EINEN VEGGIE-MONAT EINLEGEN

Durch eine fleischfreie Ernährung kannst du deine CO_2-Emission deutlich senken, die Abholzung der Regenwälder eindämmen, das Grundwasser schützen, Wasser einsparen und Arten erhalten. Ein Vorteil daran für dich: Du wirst dabei viele neue Gerichten kennenlernen.

SO GEHT'S

Esse einen ganzen Monat lang vegetarisch. Die zeitliche Begrenzung nimmt den Druck. Du weißt „das ist jetzt nicht für immer so". Der Zeitraum ist überschaubar und dennoch werden nach einem Monat einige Änderung für dich vielleicht bereits zur Gewohnheit geworden sein.

DIESE GERICHTE MÖCHTE ICH WÄHREND MEINES VEGGIE-MONATS UNBEDINGT TESTEN

TIPP

Ab Seite 121 findest du interessante Fakten zu tierischen und pflanzlichen Lebensmitteln im Vergleich.

CHALLENGE GESCHAFFT

CHALLENGE
EXPERTEN

1

LEBENSMITTEL FERMENTIEREN

Neben der richtigen Lagerung von Lebensmitteln (S. 41) gibt es noch weitere Möglichkeiten, Lebensmittel länger haltbar zu machen. Das Fermentieren macht die Lebensmittel nicht nur länger haltbar, es lässt sie sogar bekömmlicher werden und erhöht den Nährstoffgehalt.

SO GEHT'S

Die Fermentation ist ideal, um Gemüse der Saison zu verarbeiten und auch Wochen später noch genießen zu können. In acht einfachen Schritten kannst du Gemüse mit ein wenig Wartezeit fermentieren.

1. Zunächst muss das Gemüse gründlich gewaschen werden.
2. Anschließend entweder klein schneiden oder hobeln.
3. Das zerkleinerte Gemüse in ein verschließbares Gefäß geben und fest einstampfen. Gut funktioniert das etwa mit einem Stößel. Dabei sollte Gemüsesaft austreten und kein Platz mehr zwischen den Gemüsestücken sein.
4. Da der eigene Gemüsesaft meist nicht ausreicht, wird das Gemüse nun mit ein wenig Salzwasser bedeckt.
5. Daraufhin das Gemüse mit einem geeigneten Gegenstand beschweren (Stein, kleine Schüssel). Es gibt auch spezielle Fermentier-Sets zu kaufen, die solch einen Gegenstand bereits enthalten.
6. Nun sollte das Gefäß zum Schutz des Gemüses geschlossen werden. Jedoch nur so fest, dass die entstehenden Gase noch entweichen können. Ein Schraubdeckel könnte etwa locker verschlossen werden. Andernfalls sollte das Gefäß einmal täglich vorsichtig geöffnet werden.
7. Gelagert wird das Gefäß bei Zimmertemperatur, wobei Sonneneinstrahlung vermieden werden sollte.
8. Das Gemüse kann nun 7 Tage bis mehrere Wochen fermentieren. Am besten zwischendurch probieren. Wurde der gewünschte Geschmack erreicht, sollte das Gemüse in den Kühlschrank gestellt werden, um die Fermentation auszubremsen.

CHALLENGE
GESCHAFFT

CHALLENGE
EXPERTEN

2

LEBENSMITTEL RETTEN

In Deutschland landet etwa ein Drittel aller Lebensmittel in der Mülltonne. Das sind knapp 13 Millionen Tonnen pro Jahr. Viele der von Supermärkten und Restaurants weggeworfenen Lebensmittel sind aber noch genießbar. Eine Rettungsaktion lohnt sich also auf jeden Fall!

SO GEHT'S

Schließe dich einer Foodsharing-Organisation, wie zum Beispiel „**foodsharing**", an. So kannst du Lebensmittel, die du nicht mehr benötigst, an andere weitergeben oder wiederum anderen welche abnehmen.

Über foodsharing kannst du zudem gemeinsam mit anderen Foodsavern Lebensmittel in Supermärkten, Restaurants & Co. abholen, die nicht mehr verkauft werden können, aber genießbar sind. Die geretteten Lebensmittel kannst du für den eigenen Gebrauch verwenden, in dem sogenannten Fair-Teiler anderen Foodsavern zur Verfügung stellen oder an Dritte wie etwa an ein Obdachlosenheim spenden.

Auf **foodsharing.de** kannst du dich als Foodsaver anmelden und, nachdem du erfolgreich ein Quiz absolviert hast, gemeinsam mit anderen Foodsavern deine erste Abholung durchführen. Zusätzlich kannst du online einen Essenskorb veröffentlichen, in dem du deine privaten Lebensmittelreste zur Abholung anbietest, wenn du zum Beispiel in den Urlaub fährst.

Das oberste Ziel ist es, alle noch genießbaren Lebensmittel vor der Vernichtung zu bewahren und sie dem menschlichen Verzehr zuzuführen. Als Foodsaver handle ich ehrenamtlich aus sozialen, ethischen und ökologischen Gründen, um die Lebensmittelverschwendung und damit den Hunger, die Ressourcenverschwendung und den Klimawandel u.v.m. zu minimieren. (Rechtsvereinbarung für Foodsaver)

CHALLENGE
GESCHAFFT

CHALLENGE
EXPERTEN

3

EINEN VEGANEN TAG PRO WOCHE ETABLIEREN

Hast du die Challenge auf Seite 42 bereits erfolgreich gemeistert, konntest du hoffentlich tolle Erfahrungen während deines Veggie-Monats sammeln. Als Ergänzung oder Steigerung, das entscheidet rein persönliches Empfinden, kannst du nun einen veganen Tag etablieren.

SO GEHT'S

Auch diese Methode eignet sich prima für alle, die ihre Ernährung schrittweise umstellen möchten. Du allein entscheidest, wann dieser vegane Tag stattfinden soll, wie er sich gestaltet, wann du ihn um weitere vegane Tage ergänzt oder ob du es bei diesem einen Tag pro Woche belässt.

Der vegane Tag ist eine tolle Möglichkeit, um gemeinsam mit Familie und Freunden neue Gerichte auszuprobieren. Stöbert durch Kochbücher und schlagt vegane Rezept auf Blogs nach. Diese Blogs für vegane Rezepte sind sehr empfehlenswert:

→ eat-this.org
→ kraut-kopf.de
→ froileinfux.de
→ heylilahey.com
→ mehralsgruenzeug.com
→ vanillaholica.com
→ justinekeptcalmandwentvegan.de
→ veganmom.de
→ simply-vegan.org
→ kleinstadthippie.de
→ veganheaven.de

REZEPTE FÜR MEINE VEGANEN TAGE

CHALLENGE
GESCHAFFT

[CHALLENGES]

GARTEN

CHALLENGE
ANFÄNGER

1

GEMÜSE NACHZIEHEN

Beim Anbau von Gemüse denkst du vermutlich sofort an einen großen bunten Nutzgarten. Doch auch in einer Wohnung ohne Balkon kannst du einige Sorten aus den Schnittabfällen nachziehen. Dazu benötigst du lediglich ein Glas Wasser und ein sonniges Plätzchen auf einer Fensterbank.

SO GEHT'S

Ganz wunderbar funktioniert das zum Beispiel mit Frühlingszwiebeln. Hebe das Ende mit den Wurzeln der Frühlinsgzwiebel auf und stelle es in ein Glas Wasser. Platziere das Glas auf der Fensterbank, wo die Pflanze reichlich Tageslicht abbekommt. Wechsle das Wasser etwa alle 3 Tage. Entferne bei Bedarf vertrocknete Stellen. Schnell wirst du die neuen Triebe der Zwiebel verwenden können.

Nach 1 Tag

Nach 5 Tagen

Nach 10 Tagen

Auch das Grün von Möhren wächst nach diesem Prinzip recht zügig nach. Stelle das abgeschnittene Ende der Möhre mit dem Grünansatz dafür ebenfalls einige Tage in ein Wasserglas. Mit dem Grün kannst du köstliches Pesto zubereiten.

CHALLENGE
GESCHAFFT

CHALLENGE
ANFÄNGER

2

EINE PFLANZE DURCH ABLEGER VERMEHREN

Zimmerpflanzen haben eine sehr beruhigende Wirkung und verbessern das Raumklima. Statt eine neue Pflanze zu kaufen, kann man seine auch durch Ableger ganz einfach vermehren und im Anschluss mit Freunden und Familie für ein wenig Abwechslung tauschen.

SO GEHT'S

Der Klassiker unter den Pflanzen, die sich ganz einfach vermehren lassen, ist die **Grünlilie**. Mit der Zeit bildet sie deutlich sichtbare Ableger. Wenn die Blätter der neuen „Arme" eine Länge von 5–7 cm erreicht haben, kannst du sie mit einem sauberen, scharfen Messer direkt unterhalb des „Kopfes" abtrennen.

Stell den Ableger in ein Glas Wasser und warte ab, bis sich kleine Wurzeln bilden. Tausche das Wasser gegebenenfalls gelegentlich aus und entferne welke Blätter.

Ableger an der Grünlilie

Abgetrennter Ableger

Ableger mit Wurzeln im Wasser

Haben die Wurzeln eine Länge von etwa 4 cm erreicht, kann die Jungpflanze in einen Topf mit Erde eingepflanzt werden. Die ersten Tage sollte die Erde feucht gehalten werden. Das Prinzip mit den Ablegern funktioniert mit vielen weiteren Pflanzen. Gewiss findest du für deine Zimmerpflanzen ein passendes YouTube-Tutorial dazu.

CHALLENGE
GESCHAFFT

CHALLENGE
ANFÄNGER

3

MEINEN EIGENEN KRÄUTERGARTEN ANLEGEN

Im Kühlregal finden wir Kräuterzweige vorportioniert in Plastik verpackt. Dabei schmecken die Kräuter frisch immer noch am besten. Mit eigenen Kräuterpflanzen bist du zudem auch bei spontanen Kochaktionen immer gewappnet. Selbst ausgesäht sind sie komplett plastikfrei.

SO GEHT'S

Such dir ein paar geeignete Töpfe oder einen größeren Pflanzkasten. Befülle ihn mit Erde, gib die Kräutersamen deiner Wahl hinein und gieße sie gründlich. Stell deinen künftigen Kräutergarten an einen möglichst warmen und sonnigen Platz. Bewässere ihn täglich. Es wird nicht lange dauern, bis die ersten Triebe sprießen. Schon bald kannst du deine eigenen Kräuter ernten.

Diverse Kräuter lassen sich zudem ganz einfach vermehren. Besonders geeignet sind Basilikum und Minze. Schneide einfach einen Stängel von einer Pflanze ab und stell diesen für einige Tage in Wasser. Sobald sich Wurzeln gebildet haben, kannst du die neue Pflanze eintopfen und wie gewohnt pflegen.

MEIN KRÄUTERGARTEN: DIESE SORTEN MÖCHTE ICH ANPFLANZEN

GARTEN

CHALLENGE
GESCHAFFT

CHALLENGE
FORTGESCHRITTENE

1

DIY SEED BOMBS VERTEILEN

Wildblumen sind eine wichtige Nahrungsquelle für Wildbienen und andere Insekten. Diese sind besonders wichtig für diverse Ökosysteme und nicht zuletzt auch für uns Menschen. Leider finden die Insekten immer weniger Nahrung. Mit Seed Bombs können wir ein wenig nachhelfen.

SO GEHT'S

Optimalerweise werden Wildblumen entweder im Frühling oder im Herbst ausgesät. Die Monate **Februar bis Mai** und **August bis Oktober** eignen sich am besten.

Wildblumensamen müssen nicht eingebuddelt werden. Zerbrösel die „Samenbombe" auf einem freien Stück Erde und gieße sie im Optimalfall anschließend.

MATERIALIEN

2,5 l Blumenerde
2,5 l Lehm
1 Tüte Samenmischung (etwa im Bio-Supermarkt erhältlich)
Wasser

ANLEITUNG

1. 2,5 l Blumenerde mit 2,5 l Lehm gründlich vermischen.
2. 1 Tüte Samenmischung gleichmäßig untermengen.
3. Eine kleine Portion in ein Schälchen überführen und mit Wasser zu einem festen Brei vermengen.
4. Per Hand oder mit dem Kaffeelöffel zu Kugeln formen.
5. An einem warmen Ort gut durchtrocknen lassen. Warte aber nicht zu lange, da die Seed Bombs sonst vorzeitig keimen könnten.

CHALLENGE
GESCHAFFT

CHALLENGE
FORTGESCHRITTENE

2

EIN BIENENBUFFET ANPFLANZEN

Wildblumen haben oftmals ganz wunderbare Heilwirkungen oder können als Tee aufgegossen werden. Somit profitiert nicht nur die Umwelt von der Aussaat, sondern auch du selbst. Steht dir ein Garten oder ein Balkon zur Verfügung, kannst du ein eigenes Bienenbuffet anpflanzen.

SO GEHT'S

Such dir eine geeignete Stelle im Beet oder entsprechende Töpfe und sähe dort entweder Wildblumensamen aus oder pflanze direkt Jungpflanzen ein. Es gibt eine Vielzahl an Pflanzen, die zugleich bei Bienen und Insekten beliebt sind und uns als Heilpflanzen dienen. Drei davon möchte ich dir vorstellen:

FRÜHLINGSMAGARITE

Aussehen: weiße Blüten (3–6 cm), spatelige Blätter, 20–40 cm hoch
Standort: Wiesen, Weiden, Äcker, stickstoffarme & sonnig bis halbschattige Böden
Heilwirkung: Erkältung, Menstruations- und Magenbeschwerden, Entzündungen, Hautunreinheiten
Rezept für Tee: 6 g Blüten mit 250 ml kochendem Wasser übergießen, 10 Minuten abgedeckt ziehen lassen.

SPITZWEGERICH

Aussehen: unscheinbare Blüten, blattlose Stängel, bis zu 60 cm hoch
Standort: Wiesen, nährstoffreiche & sandige Böden
Heilwirkung: Husten, Asthma, Halsentzündungen, reizlindernd, abschwellend, antibiotisch
Rezept für Sirup: 100 g Kraut mit 1,5 l Wasser 10 Minuten aufkochen, danach 1 Stunde ziehen lassen und auf 750 ml reduzieren. Mit 750 g braunem Zucker 2 Minuten kochen lassen.

WILDE MALVE

Aussehen: rosarote Blüten, behaarte Stängel, rundliche Blätter, bis zu 100 cm hoch
Standort: Wege, Mauern, Wiesen, Weiden, nährstoffreicher und lockerer Boden
Heilwirkung: Reizhusten, schleimlösend
Rezept für Erfrischungsbad: 2 Handvoll frische Blüten mit 1 l kochendem Wasser übergießen, absieben und dem Badewasser zugeben.

CHALLENGE GESCHAFFT

CHALLENGE
FORTGESCHRITTENE

3

EIN INSEKTENHOTEL BAUEN

Durch den Menschen werden immer mehr Lebensräume von Wildbienen und anderen bestäubenden Insekten zerstört. Mit einer Nisthilfe können wir den Tieren alternativen Unterschlupf bieten. Solch ein Insektenhotel lässt sich mit geringem Aufwand ganz einfach selber bauen.

SO GEHT'S

Für diese Nisthilfe musst du kein Geld ausgeben, und sie lässt sich in weniger als 5 Minuten basteln. Du kannst hierfür sogar Müll wie leere Konserven oder Altglas verwerten.

MATERIALIEN

Einmachglas oder Konservendose
lehmhaltige Erde
Wasser
Papierstrohhalme oder hohle Äste
(Durchmesser 2–9 mm)

BAUANLEITUNG

1. Reinige das leere Einmachglas oder die Konservendose und bedecke den Boden mit angefeuchteter, lehmhaltiger Erde.
2. Stecke in die feuchte Erde die Papierstrohhalme und/oder die hohlen Äste. Zwischen den Halmen darf ein wenig Luft bleiben, es sollte jedoch nichts mehr verrutschen.

DER RICHTIGE STANDORT

Für die Nisthilfe sollte ein sonniger und trockener Standort gewählt werden, der einen freien Anflug ermöglicht. Achte darauf, dass die Gänge der Nisthilfe waagerecht verlaufen. Wird eine Nisthilfe angebunden, ist es wichtig, dass sie festsitzt und nicht baumelt.

CHALLENGE
GESCHAFFT

CHALLENGE
EXPERTEN

1

EINEN BAUM PFLANZEN

Bäume produzieren Sauerstoff, binden CO_2, spenden Schatten und sind Lebensraum für viele Tiere und Pflanzen. Sie sind für uns alle überlebenswichtig. Dennoch werden leider immer mehr Wälder gerodet. Auch ein einzelner Baum im Garten sollte nicht unterschätzt werden.

SO GEHT'S

Greife auf eine heimische Baumart zurück, da diese an unser Klima optimal angepasst ist. Ihre Überlebenschance ist daher deutlich größer. Zudem bietet sie Nahrung und Unterschlupf für heimische Tiere.

EINE EICHE SELBER ZIEHEN

1. Sammele reife Eicheln. Gelöste Eicheln auf dem Boden sind meist reif. Du kannst sie also einfach vom Waldboden aufsammeln.
2. Gib die Eicheln in eine Schüssel Wasser. Alle Eicheln, die oben schwimmen, sind leider faul und sollten entsorgt werden.
3. Eicheln keimen erst nach einer längeren Kälteperiode. Lege sie daher für etwa 40 Tage in den Kühlschrank. Die Früchte sollten dabei nicht feucht werden.
4. Pflanze die Eicheln nach spätestens 45 Tagen in kleinen Töpfen in Erde ein. Manche werden vielleicht bereits gekeimt haben. Pflanze sie dann mit der Wurzel nach unten ein.
5. Im Frühjahr kannst du den kleinen Baum ins Freie umpflanzen.

Natürlich kannst du die Eicheln auch sofort im Freien einbuddeln und komplett der Natur überlassen. Wenn du sie nach der Anleitung aufziehst, werden dabei nur mehrere Bäume entstehen, da die Eicheln nicht bereits im Herbst etwa von Eichhörnchen gefressen werden.

TIPP

Weitere in Deutschland heimische Baumarten: **Ahorn, Birke, Buche, Eibe, Erle, Esche, Kastanie**

CHALLENGE
GESCHAFFT

CHALLENGE
EXPERTEN

2

OBST UND GEMÜSE AUS EIGENEM ANBAU ERNTEN

Kurze Transportwege, keine Pestizide, verpackungsfrei: die Ernte von Obst und Gemüse aus eigenem Anbau bringt viele Vorteile mit sich. Die in die Gartenarbeit investierte Zeit und Mühe hilft uns dabei, unsere Lebensmittel (wieder) mehr schätzen zu lernen.

SO GEHT'S

Es gibt gleich mehrere Optionen, wie du eigenes Obst und Gemüse anbauen und ernten kannst. Du musst nicht unbedingt einen eigenen Garten haben.

OPTION 1: DER EIGENE GARTEN ODER BALKON

In deinem eigenen Garten hast du komplett freie Hand und viele Möglichkeiten. Aber auch auf dem Balkon kannst du in großen Pflanztöpfen oder einem Hochbeet Tomaten, Salat, Kartoffeln & Co. anbauen.

OPTION 2: GEMEINSCHAFTLICH MIT FAMILIE/FREUNDEN

Gewiss freuen sich Familienmitglieder oder Freunde über Unterstützung bei der Gartenarbeit. Ihr könnt euch natürlich nicht nur die Arbeit, sondern auch die Ernte teilen.

OPTION 3: DER SCHREBERGARTEN

Um einen Schrebergarten zu pachten oder zu kaufen, kannst du entweder mit dem Gartenverein direkt Kontakt aufnehmen oder etwa Online-Kleinanzeigen nach passenden Ausschreibungen durchstöbern.

OPTION 4: DAS MIETFELD

Über Anbieter wie **meine-ernte.de** oder **ackerhelden.de** kannst du einen Gemüsegarten auf dem Grund eines Landwirtes anmieten. Vorarbeiten wie die Bodenarbeiten und das Aussäen werden für dich übernommen.

OPTION 5: URBAN GARDENING

In immer mehr Städten gibt es Gemeinschaftsgärten wie **HirschGrün** in Aachen oder **NeuLand** in Köln. Oft haben sich dazu Vereine gegründet, die Brachland neu beleben.

CHALLENGE
GESCHAFFT

CHALLENGE
EXPERTEN

3

MEINE BIO-ABFÄLLE KOMPOSTIEREN

Nicht in jeder Kommune wird eine Bio-Tonne zur Verfügung gestellt. Oftmals landen organische Abfälle daher im Restmüll. Ein großer Teil des Restmülls wird zur Energiegewinnung verbrannt. Wird Biomüll gesondert gesammelt, kann er zu hochwertigem Humus verarbeitet werden.

SO GEHT'S

Sammle daher von nun an deine Bio-Abfälle und kompostiere diese. Auch dafür gibt es wieder gleich mehrere Möglichkeiten. Wähle die für dich praktikabelste Option.

OPTION 1: BIO-TONNE BEANTRAGEN

Nur weil es in deinem Mietshaus aktuell keine Bio-Tonne gibt, bedeutet das nicht, dass in deiner Stadt keine Bio-Tonne angeboten wird. Recherchiere das Angebot und wende dich wenn möglich an den/die Vermieter*in mit dem Wunsch nach einer Bio-Tonne.

OPTION 2: LEG EINEN KOMPOSTHAUFEN IM GARTEN AN

Hast du den Platz dafür, ist ein Komposthaufen im Garten eine wunderbare Möglichkeit. Aufgrund der Größe kannst du dort nicht nur deine Küchenabfälle kompostieren, sondern auch Grünschnitt aus dem Garten.

OPTION 3: BAUE DIR EINEN BOKASHI-EIMER

Mithilfe eines Bokashi-Eimers kann bequem direkt in der Küche oder auf dem Balkon kompostiert werden. Innerhalb von gerade einmal 30 Minuten kannst du dir deinen eigenen Eimer bauen. Entsprechende Anleitungen findest du online. Alternativ kannst du solch einen Eimer als Fertig-Set kaufen.

OPTION 4: VERWENDE EINE WURMKISTE ZUM KOMPOSTIEREN

Eine Wurmkiste benötigt nicht viel Platz und lässt sich daher auch in einer Stadtwohnung unterbringen. Die Würmer in der Kiste zersetzen den Bio-Abfall recht zügig, sodass nach wenigen Wochen wertvoller Wurmtee und Wurmhumus geerntet werden kann.

CHALLENGE
GESCHAFFT

[CHALLENGES]

MOBILITÄT

CHALLENGE
ANFÄNGER

1

MIT EINFACHEN TRICKS SPRIT SPAREN

Wir kommen in der Großstadt prima ohne Auto aus. In vielen Situationen und vor allem auf dem Land spielt das Auto dennoch eine große Rolle. Auch für ältere Autos gibt es ein paar Tricks, mit denen der Spritverbrauch reduziert und so die Umwelt geschont werden kann.

TRICK 1: DIREKT LOSFAHREN

Auch im Winter ist ein „Warm-laufen-lassen" des Motors nicht notwendig. Du kannst also sofort nach dem Starten des Motors losfahren.

TRICK 2: FRÜH HOCHSCHALTEN

Spätestens bei 2000 Umdrehungen je Minute solltest du hochschalten. Sowohl eine zu niedrige als auch eine zu hohe Umdrehungszahl erhöhen den Spritverbrauch. Im Schnitt schalten Fahrer*innen aber zu spät hoch.

TRICK 3: BEI WARTEZEITEN DEN MOTOR AUSSCHALTEN

Stehst du länger, etwa vor heruntergelassener Schranke am Bahnübergang, lohnt es sich, den Motor auszuschalten und so Sprit einzusparen.

TRICK 4: DEN REIFENDRUCK PRÜFEN

Mit der Zeit entweicht Luft aus den Reifen. Viele sind daher mit zu niedrigem Luftdruck auf den Straßen unterwegs. Das wirkt sich negativ auf den Spritverbrauch und nicht zuletzt auch auf die Sicherheit aus.

TRICK 5: DIE ZU TRANSPORTIERENDE LAST MINIMIEREN

Du fährst seit Wochen die Winterreifen oder die gesammelten Altkleider im Kofferraum umher? Schnell raus damit! Je weniger Gewicht transportiert werden muss, desto geringer ist der Spritverbrauch.

TRICK 6: AUF DAS RICHTIGE MOTORÖL ZURÜCKGREIFEN

Sogenannte „Leichtlauföle" sind zwar teurer als Standardprodukte, doch sie verringern den Reibungswiderstand im Motor und somit zugleich den Spritverbrauch.

CHALLENGE
GESCHAFFT

CHALLENGE
ANFÄNGER

2

EINE FAHRGEMEINSCHAFT BILDEN

In vielen Fahrzeugen sitzt oft bloß eine Person – obwohl meist fünf Sitzplätze vorhanden sind. Durch Fahrgemeinschaften können CO_2-Emissionen und die Anzahl der Fahrzeuge auf den Straßen reduziert werden. Vor allem bei regelmäßigen Fahrten sind sie sehr sinnvoll.

SO GEHT'S

KONTAKTDATEN ALLER BETEILIGTEN	
NAME	HANDYNUMMER

UNSER FAHRPLAN			
DATUM	ABFAHRTSZEIT	ORT	FAHRER*IN

CHALLENGE
GESCHAFFT

CHALLENGE
ANFÄNGER

3

EINE AUTOFAHRT DURCH EINEN FUSSWEG ERSETZEN

Wir Menschen sind Gewohnheitstiere. Daraus auszubrechen fällt uns oftmals nicht leicht. Manchmal schleichen sich Gewohnheiten mit der Zeit ein, ohne dass wir sie hinterfragen. Etwa die Wahl des Autos als Transportmittel bei Kurzstrecken. Doch du kannst dem Trott entkommen.

SO GEHT'S

Hinterfrage alle deine Wege im Alltag einmal ganz bewusst. Der Weg zum Supermarkt, zum Familientreffen, zur Arbeit, zum Bahnhof. Stelle dir für jeden Weg die folgenden Fragen:

1. Wie viele Kilometer lege ich zurück?
2. Ist die Strecke zu der Zeit, zu der ich sie fahre, überdurchschnittlich viel befahren?
3. Wie viel Zeit benötige ich bei der Parkplatzsuche an meinem Zielort?

Gerade bei Kurzstrecken ist man aufgrund der Zeit, die man für die Parkplatzsuche oder Stau einrechnen muss, zu Fuß vielleicht sogar ähnlich lange unterwegs und verliert kaum bis gar keine Zeit. Mitunter kommt man sogar entspannter am Zielort an.

MEINE TOP 3 WEGE, DIE ICH ZU FUSS ZURÜCKLEGEN KÖNNTE			
Zielort	Zurückgelegte km	Benötigte Zeit mit dem Auto	Benötigte Zeit zu Fuß

MOBILITÄT

CHALLENGE
GESCHAFFT

CHALLENGE
FORTGESCHRITTENE

1

EINE AUTOFAHRT DURCH EINE RADFAHRT ERSETZEN

Auf der vorangegangenen Seite hast du die Kurzstrecken in deinem Alltag genauer angeschaut. Auch etwas längere Strecken müssen nicht unbedingt immer mit dem Auto zurückgelegt werden. Das Fahrrad ist dafür oftmals ein tolles alternatives Transportmittel.

SO GEHT'S

Nimm erneut all deine Alltagswege unter die Lupe. Konzentriere dich dieses Mal auf alle Wege ab zwei Kilometer Länge. Hast du die Möglichkeit, dich an deinem Arbeitsplatz umzuziehen oder sogar zu duschen? Mit ein wenig Planung und eventueller Absprache können auch etwas längere Wege bequem mit dem Rad zurückgelegt werden.

Stell dir auch dieses Mal wieder die folgenden drei Fragen und fülle mit den Antworten im Hinterkopf die untenstehende Tabelle aus:

1. Wie viele Kilometer lege ich zurück?
2. Ist die Strecke zu der Zeit, zu der ich sie fahre, überdurchschnittlich viel befahren?
3. Wie viel Zeit benötige ich bei der Parkplatzsuche an meinem Zielort?

MEINE TOP 3 WEGE, DIE ICH MIT DEM RAD ZURÜCKLEGEN KÖNNTE			
Zielort	Zurückgelegte km	Benötigte Zeit mit dem Auto	Benötigte Zeit mit dem Rad

CHALLENGE
GESCHAFFT

CHALLENGE
FORTGESCHRITTENE

2

MIT MEIN JOB-TICKET VOM ARBEITGEBER

Ist dein Arbeitsweg zu lang, um ihn zu Fuß oder mit dem Fahrrad zurückzulegen, ist der öffentliche Nahverkehr womöglich eine tolle Option für dich. Während der Fahrt mit Bus oder Bahn kannst du entspannt ein Buch lesen und musst dich nicht auf den Straßenverkehr konzentrieren.

SO GEHT'S

Sprich dein/en Arbeitgeber/in ganz direkt auf ein Job-Ticket an. Ein Unternehmen kann diese Ausgaben von der Steuer absetzen. Dadurch wird das Ticket für das Unternehmen günstiger, als es für dich als Privatperson wäre.

"Das Job-Ticket ist ein FirmenTicket, das Unternehmen, Verwaltungen, Behörden etc. bei der DB Regio, Region NRW, erwerben können und ihren Mitarbeiterinnen und Mitarbeitern für die Fahrten mit Bus und Bahn im gesamten Verkehrsverbund zur Verfügung stellen. Damit bleibt man nicht nur auf dem Weg ins Büro, sondern auch in seiner Freizeit mobil. Das Job-Ticket wird vom Arbeitgeber an jeden Mitarbeiter persönlich ausgegeben." (www.bahn.de)

Alternativ zu dem klassischen Job-Ticket bieten Anbieter wie **MOBIKO** ein flexibles monatliches Mobilitätsbudget für Mitarbeiter per App an. Je nach Größe und Aufstellung des Unternehmens könnte das ebenfalls eine spannende Option sein.

CHALLENGE GESCHAFFT

CHALLENGE
FORTGESCHRITTENE

3

EINEN AUTOFREIEN MONAT EINLEGEN

Hast du schon einmal mit dem Gedanken gespielt, dein Auto abzuschaffen, dich aber bisher noch nicht dazu durchringen können? Oder ist dieser Gedanke für dich ganz fern? In beiden Fällen kann ein ganzer Monat komplett ohne eigenes Auto eine spannende Erfahrung werden.

SO GEHT'S

Wie schwierig diese Challenge ist, fällt ganz unterschiedlich und individuell aus. Vielleicht nutzt du dein Auto ohnehin nur sehr selten, vielleicht legst du damit täglich mehrere Wege zurück. Überlege dir in jedem Fall frühzeitig, wie du deine Autostrecken alternativ autofrei zurücklegen möchtest. Was musst du dafür vorab organisieren? Ein Monatsticket für den Bus kaufen? Dein Fahrrad straßentauglich machen? Eine Fahrgemeinschaft mit Arbeitskollegen und Kolleginnen gründen?

MEIN MONAT OHNE AUTO	
WEG	ALTERNATIVES TRANSPORTMITTEL

CHALLENGE
GESCHAFFT

CHALLENGE
EXPERTEN

1

EINEN AUTO- UND FLUGZEUGFREIEN URLAUB PLANEN

Viele Wege führen nach Rom. Auch viele Transportmittel. Der Klassiker unter den Transportmitteln für die Anreise zum Urlaubsort ist nach wie vor das Auto. Dabei sind Zugreisen ebenfalls reizvoll, da man sich ausreichend bewegen kann und nicht einmal Pipi-Pausen machen muss.

SO GEHT'S

Plane deinen nächsten Urlaub komplett auto- und flugzeugfrei. Von der Anreise bis hin zur Fortbewegung vor Ort. Dadurch kannst du eine Menge CO_2-Emissionen einsparen. Die größte Menge sparst du übrigens durch den Reisebus ein – dicht gefolgt von der Bahn.

MEIN URLAUB OHNE AUTO UND FLUGZEUG

REISEZIEL

REISEZEITRAUM

ANREISE

ABREISE

TRANSPORTMITTEL VOR ORT

CHALLENGE
GESCHAFFT

CHALLENGE
EXPERTEN

2

EIN AUTO DAUERHAFT TEILEN

Du hast nach deinem autofreien Monat festgestellt, dass du in gewissen Situation doch nicht ganz darauf verzichten kannst oder möchtest? So wie dir geht es mehreren Menschen. Bei einer räumlich geringen Distanz zwischen den Haushalten bietet es sich daher an, ein Auto zu teilen.

SO GEHT'S

Stellt Regeln für die Nutzung des geteilten Autos auf. Die können je nach Bedürfnissen ganz unterschiedlich aussehen. So können etwa feste Tage für die Nutzung festgelegt werden oder ihr vereinbart eine Ankündigung des Bedarfs 24 Stunden vorher in der gemeinsamen Chat-Gruppe.

Klärt zudem die gerechte Aufteilung der Kosten. Teilt die Versicherungskosten untereinander auf und richtet eine „Spritkasse" ein. Auch ein Reinigungsplan für das Auto ist sinnvoll. Ebenfalls nicht vergessen: ein gemeinsames Sparbuch mit Rücklagen für eventuelle Reparaturen.

UNSERE 3 GOLDENEN REGELN

VERSICHERUNG	SPRITKASSE
REINIGUNG	**REPARATUREN**

CHALLENGE
GESCHAFFT

CHALLENGE
EXPERTEN

3

MEIN AUTO ABSCHAFFEN

Nachdem du dich nun intensiv mit dem Thema Mobilität auseinandergesetzt hast, hat sich dir vielleicht eine Möglichkeit aufgetan, komplett auf dein Auto zu verzichten und auf nachhaltigere Transportmittel umzusteigen. Also ist dies jetzt vielleicht der richtige Zeitpunkt.

SO GEHT'S

Musst du noch einige offene Punkte erledigen, bevor du dein Auto abschaffst, kümmere dich darum ganz in Ruhe. Die beiden unten stehenden Tabellen können dir dabei behilflich sein.

MEIN LEBEN OHNE AUTO	
WEG	ALTERNATIVES TRANSPORTMITTEL

MEINE TO-DO-LISTE VOR DER ABSCHAFFUNG	

CHALLENGE
GESCHAFFT

[CHALLENGES]

REISEN

CHALLENGE
ANFÄNGER

1

MEINEN URLAUB IN DEUTSCHLAND VERBRINGEN

Schöne Reiseziele liegen oftmals ganz nah. Durch die Nähe kannst du als Transportmittel auf das Flugzeug verzichten. Auch in Deutschland gibt es etliche Städte, Nationalparks, Gewässer oder Berge zu erkunden. Wie wäre es mit der Nordee, dem Taunus oder dem Bodensee?

SO GEHT'S

Du wirst erstaunt darüber sein, wie viel es in Deutschland zu entdecken gibt. Vielleicht hast du dein nächstes Reiseziel bereits klar vor Augen. Ansonsten kannst du dich von den folgenden Vorschlägen inspirieren lassen.

SCHÖNE REISEZIELE INNERHALB DEUTSCHLANDS		
Juist	Sächsische Schweiz	Mecklenburgische Seenplatte
Uckermark	Harz	Stralsund

MEINE DEUTSCHLANDREISE

REISEZIEL

REISEZEITRAUM

ANREISE

ABREISE

CHALLENGE GESCHAFFT

CHALLENGE
ANFÄNGER

2

DIE CO_2-EMISSION MEINER REISE KOMPENSIEREN

Das für die Kompensation gezahlte Geld fließt in Klimaschutzprojekte, bei denen die gleiche Menge CO_2 gebunden werden soll. Auch wenn die Kompensation natürlich kein Freifahrtschein für unzählige Flugreisen & Co ist, ist eine Klimaspende besser als gar keine Kompensation.

SO GEHT'S

Informiere dich über die Klimaschutzprojekte der einzelnen Kompensationsanbieter. Auf der Website des jeweiligen Anbieters wird die CO_2-Emission anhand einiger Eckdaten berechnet und in einen Spendenbetrag umgewandelt. Suche den für dich passenden Anbieter heraus und kompensiere deine nächste Reise.

DEUTSCHE ANBIETER

FÜR DIE KOMPENSATION VON REISEN

- atmosfair
- Klima ohne Grenzen
- myclimate
- ARKTIK

MEINE KOMPENSATION

Startort

Zielort

Zurückgelegte Strecke

Errechnete CO_2-Emission

Spendenbetrag

CHALLENGE
GESCHAFFT

CHALLENGE
ANFÄNGER

3

MIKROABENTEUER STATT FERNREISE

Ein Mikroabenteuer ist eine Art Minireise, die du direkt vor deiner Haustür und ohne großen Aufwand erleben kannst. Manchmal sind die besten Dinge ganz nah, kosten kaum etwas und geschehen ganz spontan ohne lange Vorausplanung.

SO GEHT'S

Dein Mikroabenteuer kann ein Tagesausflug sein oder auch ein paar Übernachtungen beinhalten. Viel Planung benötigt solch ein Abenteuer oftmals nicht. Halte dennoch im Vorfeld Überlegungen zum Ziel, der Route und auch der Verpflegung unterwegs fest.

MEIN MIKROABENTEUER	
Datum	
Ziel	
An-/Abreise	
Route	
Vor Ort	
Packliste	
Sonstiges	

INSPIRATION FÜR DEIN MIKROABENTEUER	
Fahrradtour	Zelten in der Natur
Sternenwanderung	Stadtführung in der Region

REISEN

CHALLENGE GESCHAFFT

CHALLENGE
FORTGESCHRITTENE

1

NUR BEI LOKALEN ANBIETERN KONSUMIEREN

Gerade in touristisch erschlossenen Regionen werden kleine lokale Restaurants und Läden von großen Ketten mit der Zeit verdrängt. Nachhaltiger Tourismus stärkt die bereiste Region, statt die Einheimischen zu verdrängen. Du kannst dazu ganz aktiv positiv beitragen.

SO GEHT'S

"Unser Kassenbon ist ein Stimmzettel." Das gilt natürlich auch für Urlaubsorte. Unterstütze den Markt vor Ort und wähle bewusst kleine inhabergeführte Lokalitäten. Dort kannst du authentische, regionale Küche in einer entspannten Atmosphäre genießen. Das Gleiche gilt für Boutiquen und Anbieter für Ausflüge und Aktivitäten.

Eventuell bedeutet diese Entscheidung ein wenig mehr Recherechearbeit, da kleine und lokale Betriebe kein großes Werbebudget haben und nicht so präsent sind wie die großen Ketten. Frage, wenn möglich, bei Freunden und Familie nach Tipps für lokale Anbieter vor Ort oder suche online und in Reiseführern danach.

MEIN REISEZIEL		
BOUTIQUEN		
Name	Adresse	Kontakt
ANBIETER FÜR AUSFLÜGE & AKTIVITÄTEN		
Name	Adresse	Kontakt

CHALLENGE
GESCHAFFT

CHALLENGE
FORTGESCHRITTENE

2

FAHRRAD STATT MIETWAGEN

Du hast dich bereits mit der nachhaltigen Anreise zum Urlaubsziel befasst. Doch auch vor Ort möchtest du mobil sein. Zum Mietwagen gibt es oftmals nachhaltige Alternativen. Der Umstieg vom Auto auf das Rad kann eine ganz wunderbare Abwechslung zum Alltag sein.

SO GEHT'S

Informiere dich vorab über die Infrastruktur am Urlaubsort. Ist dein Reiseziel besonders fahrradfreundlich, oder gibt es ein gut ausgebautes U-Bahn-Netz? In vielen Fällen kannst du auf den Mietwagen gut verzichten und bist mit dem Rad und dem ÖPNV genauso mobil.

MIT DEM RAD UNTERWEGS IM URLAUB

Ist ein Reiseziel besonders fahrradfreundlich, gibt es entweder **a)** ein sehr hohes Angebot an Mietfahrrädern oder **b)** eine Knappheit an zur Verfügung stehenden Rädern, da diese schnell ausgebucht sind. Vergleiche daher bereits vor Reiseantritt Angebote für Mietfahrräder und reserviere diese gegebenenfalls für den Reisezeitraum vorab.

MIT DEM ÖPNV UNTERWEGS IM URLAUB

Zugegebenermaßen ist die Preisgestaltung der Verkehrsbetriebe in vielen Fällen auf den ersten Blick recht komplex. In welchem Radius kann ich mich mit dem gekauften Ticket bewegen? Lohnt sich ein Gruppenticket? Gibt es ein Wochenticket? Oder ein spezielles Touristen-Ticket? Vielleicht sogar ein Kombi-Ticket, mit dem ich Eintritt in verschiedene Museen und Sehenswürdigkeiten erhalte?

Informiere dich vorab, welches Ticket für dich das passende ist, um Frustration am Ticketschalter im Urlaub zu vermeiden. Mit Kombi-Tickets kannst du unter Umständen sogar ein richtiges Schnäppchen machen und dich gleich doppelt freuen.

CHALLENGE
GESCHAFFT

CHALLENGE
FORTGESCHRITTENE

3

IN EINEM BIO-HOTEL ÜBERNACHTEN

Bio-Hotels sind in der Regel ganzheitlich ökologisch ausgerichtet und damit eine nachhaltige und bequeme Übernachtungsmöglichkeit zugleich. Die Lebensmittel im Restaurant stammen aus biologischer Landwirtschaft und der Bezug von Ökostrom ist selbstverständlich.

SO GEHT'S

Entscheide dich bewusst für einen Bio-Urlaub. Auf Vergleichsportalen wie **biohotels.info** findest du gewiss das für dich passende Hotel. Zusätzlich oder alternativ zu der Bezeichnung „Bio-Hotel" kannst du bei deiner Planung auf Öko-Zertifikate achten.

TourCert

TourCert beruht auf den internationalen Qualitäts- und Umweltmanagementstandards wie ISO und EMAS und orientiert sich an den internationalen Regelwerken des Global Sustainable Tourism Council (GSTC). Zertifiziert werden Hotels, Reiseveranstalter sowie Reiseziele.

Green Globe

Der Green Globe Certification Standard nimmt eine umfassende Bewertung der Leistung im Bereich der Nachhaltigkeit, basierend auf den drei Säulen Umweltfreundlichkeit, sozialer Verantwortung und wirtschaftlicher Rentabilität, vor.

EU Ecolabel

Das Label wurde bereits 1992 durch eine EU-Verordnung eingeführt. Die Vergabe erfolgt an Produkte und Dienstleistungen, die geringere Umweltauswirkungen haben als vergleichbare Produkte.

GreenSign

Die 92 Kriterien des Prüfkatalogs wurden auf Basis international anerkannter Rahmenwerke für Nachhaltigkeit wie der ISO 14001 (EMAS/Umweltmanagement), der ISO 26000 (Corporate Social Responsibility (CSR)) und den Global Sustainable Tourism Criteria (Nachhaltiger Tourismus (GSTC)) für die Hotellerie entwickelt.

CHALLENGE
GESCHAFFT

CHALLENGE
EXPERTEN

1

SELBSTVERSORGER-UNTERKUNFT STATT GROSSES HOTEL

Große Hotelanlagen haben einen hohen Energiebedarf. Durch „All-Inclusive"-Angebote fällt zudem häufig viel Lebensmittelmüll an. In einer Ferienwohnung hast du den Stromverbrauch selbst in der Hand und kannst wie gewohnt auf regionale Bio-Lebensmittel zurückgreifen.

SO GEHT'S

Investiere Zeit in die Recherche nach der passenden Selbstversorger-Unterkunft an deinem Reiseziel. Möchtest du die meiste Zeit während der Reise in der Unterkunft kochen, sollte die Küche eine gewisse Ausstattung bieten. Meist werden bei der Beschreibung der Unterkunft alle vorhandenen Geräte und Utensilien aufgelistet. Kontaktiere andernfalls den/die Anbieter/in und hake nach. Fehlen Kleinigkeiten, kannst du diese selber mitbringen.

MEIN URLAUB IN DER SELBSTVERSORGER-UNTERKUNFT	
Datum	
Ziel	
An-/Abreise	
Vor Ort	
Packliste	

CHALLENGE
GESCHAFFT

REISEN

CHALLENGE
EXPERTEN

2

MEIN ZERO-WASTE REISE-EQUIPMENT ZUSAMMENSTELLEN

Zu Hause fällt es dir im Alltag bereits leicht, deinen Müll zu reduzieren, aber unterwegs und auf Reisen gestaltet sich das noch schwieriger? Mit dem richtigen Zero-Waste-Reise-Equipment kannst du auch unterwegs ganz einfach eine Menge an Müll einsparen.

SO GEHT'S

Das Equipment muss nicht teuer und stylisch sein. Viele von den Gegenständen hast du vermutlich bereits zu Hause. Denk einfach daran, es bei deiner Reise einzupacken.

WIEDERBEFÜLLBARE TRINKFLASCHE

Deine eigene Trinkflasche kannst du in der Ferienwohnung und in Restaurants und Cafés problemlos auffüllen. So kannst du auf Wegwerf-Plastikflaschen verzichten.

BROTDOSE

In deiner Brotdose kannst du Snacks für unterwegs transportieren, statt in Plastik verpackte To-go-Gerichte zu kaufen. Auch für den Markteinkauf ist die Dose perfekt.

GESCHIRR & BESTECK

Der Deckel deiner Brotdose ist ein idealer Tellerersatz. Mit einem Löffel im Gepäck sparst du beispielsweise den Plastiklöffel zum Eisbecher ein.

STOFFBEUTEL

Packe deine Lebensmitteleinkäufe auch im Urlaub in einen Stoffbeutel – ebenfalls sehr praktisch für die Einkäufe in Boutiquen und anderen Läden.

TRINKHALM

Die meisten Getränke lassen sich prima auch ohne Strohhalm trinken. Möchtest du nicht darauf verzichten, nimm dir einen aus Edelstahl, Bambus oder Glas mit.

SERVIETTE / TASCHENTUCH AUS STOFF

Zugeschnittene Stoffstücke aus einem alten T-Shirt oder Bettlaken dienen unterwegs als Ersatz für Papierservietten und -taschentücher.

CHALLENGE
GESCHAFFT

CHALLENGE
EXPERTEN

3

CLEAN-UP AN MEINEM URLAUBSORT

Weltweit wird immer mehr Plastikmüll an Stränden angespült. Oberstes Ziel sollte es daher sein, die Müllproduktion zu reduzieren. Doch eine große Menge Müll ist leider bereits im Umlauf. Wir können aktiv dabei unterstützen, diesen Müll wieder aus der Natur herauszuholen.

SO GEHT'S

Setze dir zum Ziel, während deiner Reise mindestens einmal eine Stunde lang Plastikmüll am Strand zu sammeln. Vermutlich wirst du Aufsehen erregen, und andere Menschen werden sich dir anschließen.

Alternativ kannst du eine eigene Faustregel wie „bei jedem Strandbesuch 3 Plastikmüll-Teile mitnehmen" für dich festlegen. Ein Clean-Up kannst du natürlich nicht nur am Strand, sondern etwa auch im Wald durchführen.

Führe ein kleines Tagebuch über deine Clean-up-Aktion(en) und berichte anderen Menschen davon, um mit ihnen in den Austausch zu gehen. So kannst du weitere dazu inspirieren, ein Clean-up zu starten und die eigene Müllproduktion zu reduzieren.

MEIN CLEAN-UP	
Datum	
Ort	
So viel habe ich gesammelt	
Davon habe ich am meisten aufgehoben	
Über diesen Müll war ich besonders verwundert	
So haben andere Menschen auf die Aktion reagiert	

CHALLENGE
GESCHAFFT

[CHALLENGES]

MODE

CHALLENGE
ANFÄNGER

1

MEINEN KLEIDERSCHRANK AUSMISTEN

Vielleicht kennst du das Gefühl, „nichts zum Anziehen" zu haben und häufig neue Sachen kaufen zu wollen. Eine Bestandsaufnahme ist der erste Schritt, diesem Teufelskreis zu entkommmen. Erst wenn wir uns unseres Besitzes bewusst sind, können wir unser Konsumverhalten ändern.

SO GEHT'S

Breite alle Kleidungsstücke aus und bilde zwei Haufen: „darf bleiben" und „wird ausgemistet". Trage die Anzahl jeweils als Strichliste in die Tabelle ein.

HOSEN		SHORTS	
Geblieben	Ausgemistet	Geblieben	Ausgemistet
SHIRTS		**PULLOVER**	
Geblieben	Ausgemistet	Geblieben	Ausgemistet
TOPS		**RÖCKE**	
Geblieben	Ausgemistet	Geblieben	Ausgemistet
KLEIDER		**JACKEN**	
Geblieben	Ausgemistet	Geblieben	Ausgemistet
SOCKEN		**UNTERWÄSCHE**	
Geblieben	Ausgemistet	Geblieben	Ausgemistet
SPORTBEKLEIDUNG		**ACCESSOIRES**	
Geblieben	Ausgemistet	Geblieben	Ausgemistet

Resumuée // So viele Kleidungsstücke sind insgesamt geblieben:	

CHALLENGE GESCHAFFT

MODE

CHALLENGE
ANFÄNGER

2

EIN KLEIDUNGS-STÜCK AUS ZWEITER HAND KAUFEN

Jährlich landet deutschlandweit über eine Million Tonnen Kleidungsstücke im Müll. Größtenteils sind diese in einem guten Zustand. Für jedes wurden Ressourcen, Energie und Arbeitszeit aufgebracht. Ob Fair-Fashion-Teil oder nicht: Es ist ratsam, das bereits Vorhandene zu nutzen.

SO GEHT'S

Du benötigst eine neue Jeans? Eine Bluse oder ein Hemd für die Arbeit? Mach es dir zur Aufgabe, dieses benötigte Kleidungsstück aus zweiter Hand zu kaufen. Suche dafür nach Second-Hand-Läden in deiner Stadt und trage deine Ergebnisse in die Tabelle ein. Du wirst nicht nur nachhaltiger einkaufen, sondern sogar Geld sparen – und vermutlich obendrein Freude an dieser neuen Art des Shoppens entwickeln.

GESCHÄFT	ADRESSE	ÖFFNUNGSZEITEN	KONTAKT

TIPP

Auf diesen Websites kannst du dich nach gebrauchter Kleidung umsehen: **Kleiderkreisel, eBay-Kleinanzeigen, Mädchen-Flohmarkt, Catchys, Kleider machen Bräute, Mamikreisel, Oma Klara, REBELLE, remix, Second Life Fashion, Shpock, ubup.**

CHALLENGE
GESCHAFFT

CHALLENGE
ANFÄNGER

3

EIN KLEIDUNGSSTÜCK LEIHEN STATT ES NEU ZU KAUFEN

Das Teilen, Leihen oder Mieten von Kleidungsstücken spart im Vergleich zum Kauf Ressourcen ein. Zudem sparst du Geld und Platz im Kleiderschrank. Familie und Freunde können meist mit passenden Teilen aushelfen. Es gibt aber noch andere Möglichkeiten, sich Kleidung zu leihen.

SO WIRST DU FÜNDIG

ONLINE SUCHANFRAGE

Du kannst online eine Suchanfrage auf Nachbarschaftsplattformen wie **nebenan.de** oder in lokalen Facebook-Gruppen starten.

KLEIDUNG MIETEN

Gegen eine Gebühr kannst du online auch Kleidungsstücke mieten. Folgende Anbieter sind sehr zu empfehlen:

- **STAY AWHILE (ausschließlich Fair Fashion)**
- **Kleiderei**
- **myonbelle**
- **Chic by Choice, Kilenda (Kinderkleidung & Spielsachen)**
- **Räubersachen (Fair Fashion für Kinder)**

KLEIDUNGSSTÜCK	GELIEHEN VON	AUSGELIEHEN AM	ZURÜCKGEGEBEN AM

CHALLENGE GESCHAFFT

CHALLENGE
FORTGESCHRITTENE

1

KLEIDUNGSSTÜCK REPARIEREN, STATT ES NEU ZU KAUFEN

Häufiges Waschen beansprucht das Material – oftmals reicht Lüften vollkommen aus. Ein sorgsamer und schonender Umgang mit Kleidung sollte an erster Stelle stehen. Geht ein Kleidungsstück doch einmal kaputt, kann man es oftmals ganz einfach selbst reparieren.

SO GEHT'S

Für kleine Reparaturen benötigt man kein besonderes Equipment. Eine einfache Nähnadel, Nähgarn und eventuell Stopfgarn reichen in den meisten Fällen schon aus. Wird es doch ein wenig komplizierter, lassen sich für jedes Nähprojekt ausführliche Anleitungen kostenlos auf YouTube oder Blogs finden. Auch Familienmitglieder oder Freunde*innen mit Näherfahrungen helfen gewiss gerne weiter. Sollte die Reparatur alleine nicht umsetzbar sein, kann ein Kleidungsstück natürlich auch zu einer professionellen Schneiderei gebracht werden.

DAS HABE ICH BEREITS SELBST REPARIERT:

- **Knopf angenäht**
- **Gelöste Naht erneut verschlossen**
- **Strumpf gestopft**
- ....
- ....

CHALLENGE
GESCHAFFT

CHALLENGE
FORTGESCHRITTENE

2

IN EINER FAIR-FASHION-BOUTIQUE SHOPPEN

In Modeketten kosten T-Shirts zum Teil nur 2 Euro. Dieser Preis muss die Kosten für das Material, die Arbeitszeit, den Transport, die Ladenmiete usw. decken. Natürlich soll zudem ein Gewinn übrig bleiben. Dass das nicht aufgeht, ist klar. Faire Mode hat daher berechtigterweise ihren Preis.

SO GEHT'S

Mach dir Gedanken, welches Kleidungsstück du in Zukunft benötigst, und kaufe dieses in einer Fair Fashion Boutique in deiner Stadt. Informiere dich vorab genau über die Angebote an Fair-Fashion-Boutiquen vor Ort und stelle gegebenenfalls eine Route, die du bequem ablaufen kannst, zusammen. Auf S. 115 kannst du dich noch genauer über Fair-Fashion-Zertifikate informieren.

FAIR-FASHION-BOUTIQUEN IN MEINER STADT			
LADEN	ADRESSE	ÖFFNUNGSZEITEN	KONTAKT

MODE

TIPP

Diese Shops bieten online eine große Auswahl an Fair Fashion: **Armedangels, Avocadostore, hessnatur, glore, loveco, Love It Green, status: FAIR, Le Shop Vegan, zündstoff.**

CHALLENGE GESCHAFFT

CHALLENGE
FORTGESCHRITTENE

3

DIE 10 x 10-CHALLENGE STARTEN

Im Schnitt kauft jeder Deutsche 60 neue Kleidungsstücke pro Jahr. Die 10 x 10-Challenge soll dabei helfen, die Vorteile eines reduzierten Kleiderschrankes schätzen zu lernen und den eigenen Stil zu festigen. Ein bewusster Konsum schont nebenbei auch den Geldbeutel.

SO GEHT'S

10 Kleidungsstücke, 10 Tage, 10 Outfits. So simpel sind die Regeln der 10 x 10 Challenge. Vielleicht wird dir die Auswahl der 10 Kleidungsstücke nicht leicht fallen. Doch du wirst erstaunt sein, dass man mit nur 10 Teilen ganz ohne Probleme sogar mehr als 10 Outfits kombinieren kann.

WELCHE KLEIDUNGSSTÜCKE ZÄHLEN ZU DEN 10 TEILEN?	WELCHE KLEIDUNGSSTÜCKE ZÄHLEN NICHT ZU DEN 10 TEILEN?
Tops, T-Shirts, Pullover, Blusen	Taschen
Hosen & Shorts	Schmuck
Röcke & Kleider	Schal, Mütze & Handschuhe
Schuhe	Kopfbedeckungen
Jacken	Unterwäsche, Socken & Sportbekleidung

MEINE 10 KLEIDUNGSSTÜCKE

CHALLENGE
GESCHAFFT

CHALLENGE
EXPERTEN

1

EIN KLEIDUNGSSTÜCK SELBER NÄHEN

Im Handel werden Kleidungsstücke immer häufiger mit dem Zusatz „handgemacht" beworben, welcher eine faire und nachhaltige Produktion implizieren soll. Dabei wird jedes Kleidungsstück von Hand genäht. Auch das 2-Euro-T-Shirt der konventionellen großen Ketten.

SO GEHT'S

Du musst nicht von nun an deine komplette Garderobe selber herstellen. Doch ich kann jedem nur ans Herz legen, diese Erfahrung, ein Kleidungsstück selber zu nähen, einmal zu machen. Ich bin mir sicher, es wird deine Beziehung zu Kleidungsstücken ändern. Es gibt verschiedene Wege, wie du zu deinem selbst genähten Kleidungsstück kommen kannst:

OPTION 1:
Leih dir eine Nähmaschine aus und nähe mithilfe einer YouTube-Anleitung dein eigenes Kleidungsstück.

OPTION 2:
Besuche ein Familienmitglied oder Freund*in mit Nähmaschine und näht gemeinsam ein Kleidungsstück.

OPTION 3:
Belege einen Nähkurs an der Volkshochschule oder an einer ähnlichen Einrichtung, die Nähkurse anbietet.

OPTION 4:
Frag in einem Atelier an, ob du einen Tag lang über die Schulter der Näher*innen schauen und auch einmal selbst Hand anlegen darfst.

CHALLENGE
GESCHAFFT

CHALLENGE
EXPERTEN

2

MEINE KLEIDERTAUSCH-PARTY

Die Kleidertauschparty ist eine tolle Gelegenheit, alte Kleidungsstücke loszuwerden und neue, passende auf einem nachhaltigen Weg einziehen zu lassen. Zudem macht eine Kleidertauschparty einfach Spaß und ist der perfekte Anlass, mit tollen Menschen zusammenzukommen.

SO GEHT'S

Jede Person bringt zur Kleidertauschparty gut erhaltene Kleidungsstücke mit, die sie selbst nicht mehr trägt. Getauscht werden können Kleidungsstücke, Accessoires und Schuhe. Hier kommen drei Tipps für eine gelungene Kleidertauschparty!

TIPP 1: KLEIDUNG IN STAPELN SORTIEREN

Lädst du 10 Personen ein und jede davon bringt 10 Kleidungsstücke mit, sind das immerhin 100 Einzelteile. Es ist daher ratsam, die Teile nach Kategorien, wie Hosen, Oberteile, Schuhe & Co. zu sortieren.

TIPP 2: WÜRFELN, WER ANFÄNGT

Das Phänomen kennst du vielleicht vom Buffet: Keiner möchte anfangen, um nicht gierig zu wirken. Würfelt daher einfach aus, wer sich welchen Stapel zuerst anschauen darf. So trauen sich die Gäste an die Stapel, und es geht fair zu.

TIPP 3: VORAB ENTSCHEIDEN, WAS MIT DEM REST GESCHIEHT

Vermutlich wird nicht jedes Teil ein/en neue/n Besitzer/in finden. Die übrigen Teile können entweder wieder mitgenommen werden, oder sie werden gesammelt an eine gemeinnützige Organisation gespendet.

DATUM & UHRZEIT	ORT	SNACKS	EINGELADENE GÄSTE

CHALLENGE
GESCHAFFT

CHALLENGE
EXPERTEN

3

EINE 1-JÄHRIGE SHOPPING-PAUSE EINLEGEN

Das Gefühl, ständig etwas Neues kaufen zu wollen, wurde durch die Gesellschaft über Jahre hinweg tief in uns verankert. Aus diesem Teufelskreis auszubrechen, ist nicht leicht. Was vorerst helfen kann: eine zeitlich begrenzte Umstellung, da man weiß „das ist jetzt nicht für immer so".

SO GEHT'S

Die wenigsten von uns brauchen wirklich neue Kleidung. Niemand von uns müsste nackt durch die Gegend laufen, wenn eine 1-jährige Shopping-Pause eingelegt wird. Mag es sich anfangs noch komisch anfühlen, kann es mit der Zeit richtig befreiend sein. Durch die Shopping-Pause sparst du sowohl Geld als auch Zeit. Überleg dir, was du mit dem gewonnenen Geld und der Zeit alles anstellen könntest – gewiss eine weitere Motivation. Durch das Ausleihen von Kleidungsstücken oder Kleidertauschpartys kannst du das Jahr über zudem ein wenig Abwechslung in deinen Kleiderschrank bringen, ohne etwas Neues zu kaufen.

DAS MÖCHTE ICH MIT DEM GESPARTEN GELD & DER GEWONNENEN ZEIT ANSTELLEN

CHALLENGE
GESCHAFFT

[CHALLENGES]

ARBEIT

CHALLENGE
ANFÄNGER

1

AUF RECYCLINGPAPIER UMSTEIGEN

Der Wasserbedarf bei der Papierherstellung aus Altpapier ist zwei- bis sechsmal niedriger als der für die Papierherstellung aus Holz. Der Energiebedarf ist zudem drei bis viermal niedriger. Mit Recyclingpapier kann somit Wasser und Energie und dadurch CO_2 eingespart werden.

SO GEHT'S

Stelle nach und nach, immer wenn du deine alten Papiervorräte aufgebraucht hast, auf Recyclingpapier um. Je nachdem wie und wo du arbeitest, wird das eine gewisse Zeit in Anspruch nehmen. Hake die Punkte auf der Liste ab und streiche nicht-zutreffendes einfach durch.

Arbeitest du im Angestelltenverhältnis, kannst du deine/n Vorgesetzte/n auf die Umstellung ansprechen und das Unternehmen als Nachhaltigkeitsbeauftragte*r aktiv dabei unterstützen.

Druckerpapier	●	Tüten	●
Werbematerial	●	Menükarten	●
Beilagen	●	Mappen	●
Prospekte/Kataloge	●	Versandpakete	●
Kalender	●	Aufkleber	●
Urkunden	●	Gutscheine	●
Briefumschläge	●	Etiketten	●
Visitenkarten	●	Getränkeuntersetzer	●
Einladungs- und Grußkarten	●	Notizbücher / Blöcke	●

Tipp: Für schnelle Notizen kannst du einfach die Rückseite eines bereits bedruckten Blattes, das du nicht mehr benötigst, verwenden.

CHALLENGE
GESCHAFFT

CHALLENGE
ANFÄNGER

2

MEIN PAPIERLOSER ARBEITSALLTAG

Deutschland liegt beim mengenmäßigen Gesamt-Papierverbrauch auf Platz vier der Weltrangliste. Nur China, die USA und Japan verbrauchen mehr Papier. Beim jährlichen Pro-Kopf-Verbrauch liegt Deutschland mit 250 kg sogar deutlich über dem der Chinesen mit rund 69 kg.

SO GEHT'S

Notiere zunächst alle Situationen und Aufgabenbereiche, in denen du aktuell Papier verwendest oder Papier zu dir gelangt. Einige davon kannst du vermutlich sofort eliminieren. Etwa durch einen „Bitte keine Werbung"-Aufkleber am Unternehmensbriefkasten und das Abstellen von adressierter Werbung. Auch die Weihnachtsgrußkarten für die Kunden*innen können digital schön gestaltet und per E-Mail versendet werden. Und auch die Steuererklärung kann komplett digital abgewickelt werden.

Notiere dir also im nächsten Schritt papierlose Alternativen oder Maßnahmen, die ergriffen werden müssen, um das Papieraufkommen einzustellen.

SITUATION / AUFGABENBEREICH	ALTERNATIVE / MASSNAHME

CHALLENGE
GESCHAFFT

CHALLENGE
ANFÄNGER

3

MEIN MITTAGESSEN FÜR DIE PAUSE VORBEREITEN

In vielen Büros wird zur Mittagspause gemeinsam beim Lieferdienst bestellt. Das ist auf die Dauer nicht nur ganz schön teuer, sondern bedeutet auch jeden Tag eine Menge Verpackungsmüll. Mit dem vorbereiteten Mittagessen kannst du Umwelt und Geldbeutel schonen.

SO GEHT'S

Bereite dir am Vorabend oder am Morgen ein Mittagessen vor, das du mitnehmen kannst. Stelle dir eine Liste mit Gerichten zusammen, die optimal für die Voraussetzungen in deinem Büro sind. Gibt es etwa keine Möglichkeit zum Aufwärmen, kannst du Mahlzeiten, wie einen Couscoussalat, auch prima kalt essen. Steht dir hingegen sogar eine kleine Küchenzeile zur Verfügung, kannst du „10-Minuten-Rezepte" sammeln, die du zu Hause vorbereiten und in der Mittagspause fix zubereiten kannst.

MEINE LIEBLINGSREZEPTE FÜR DIE MITTAGSPAUSE IM BÜRO	
GERICHT	ZUTATENLISTE FÜR DEN EINKAUFSZETTEL

ARBEIT

CHALLENGE
GESCHAFFT

CHALLENGE
FORTGESCHRITTENE

1

SKYPE-MEETING STATT FACE-TO-FACE

Persönliche Treffen sind in der Arbeitswelt an vielen Stellen sinnvoll und unerlässlich. Für viele Absprachen genügt jedoch auch ein virtuelles Meeting. Ein Skype-Meeting kann wertvolle Zeit, viele Reisekilometer und damit wertvolle Ressourcen einsparen.

SO GEHT'S

Mit manchen Kunden stehen regelmäßige Meetings im Wochenrhythmus an. Egal ob 2 oder 20 Kilometer zurückgelegt werden müssen, setze mindestens eines dieser Meetings als (Video-)Anruf an.

MEIN TERMINPLANER FÜR DIGITALE MEETINGS				
PERSON(EN)	DATUM & UHRZEIT	E-MAIL-ADRESSE	TELEFON-NUMMER	SKYPE-NAME

CHALLENGE
GESCHAFFT

CHALLENGE
FORTGESCHRITTENE

2

MEINEN ONLINE-DATENTRANSFER REDUZIEREN

Die Digitalisierung erleichtert unseren Arbeitsalltag und unsere Freizeit. Doch das Internet verursacht eine viel höhere CO_2-Emission, als wir zunächst vielleicht vermuten. Schließlich benötigen die riesigen Server viel Strom und müssen aufwendig gekühlt werden.

SO GEHT'S

Versuche daher bewusst mit dem Transfer von Daten über das Internet umzugehen. Mit diesen Tipps kannst du deinen Datentransfer reduzieren.

BEGINNE SINNVOLL EINEN NEUEN MAILVERLAUF

Schreibst du mit einer Person unzählige E-Mails in ein und demselben Verlauf, werden mit jeder Antwort alle Anhänge wieder und wieder verschickt. Die gesendete Datenmenge ist dadurch unnötig groß.

SCHLIESSE NICHT BENÖTIGTE TABS

Im Browser mehrere Tabs gleichzeitig offen zu haben, wird schnell unübersichtlich und kostet zudem Energie. Trenne, sobald du einen Tab nicht mehr benötigst die Verbindung zum Server, indem du den Tab schließt.

WÄHLE EINE NIEDRIGERE QUALITÄT

Oftmals wird beim Abspielen von Videos automatisch die beste Übertragungsqualität ausgewählt. In vielen Fällen kann diese problemlos ein wenig reduziert werden, ohne dass die Übertragung wirklich schlecht wird. Diese Umstellung reduziert den Datentransfer und somit die CO_2-Emission.

GUT ZU WISSEN

Eine Studie aus dem Jahr 2019 (Universität Bristol) ergab, dass allein das Abspielen von Youtube-Videos jährlich ungefähr so viel Strom verbraucht wie die schottische Stadt Glasgow mit ihren 600.000 Einwohnern.

CHALLENGE GESCHAFFT

CHALLENGE
FORTGESCHRITTENE

3

EINE GYMNASTIK-EINHEIT IM ARBEITSALLTAG

Im Bereich Nachhaltigkeit können wir nur unser Bestes geben, wenn es uns gut geht und wir uns wohlfühlen. Nachhaltige, etwas aufwendigere Lösungen, haben in stressigen Phasen nicht oberste Priorität. Daher sollten wir achtsam mit uns umgehen und auf unser Wohlbefinden achten.

SO GEHT'S

Vereinbare mit deinen Kolleginnen und Kollegen eine fixe Zeit, für die ihr euch vorab einige einfache Übungen überlegt, die auch in Jeans oder Anzug durchgeführt werden können. Entweder kann jede Person eine Übung vorschlagen, oder eine erfahrene Person stellt eine kleine Zusammenstellung an Übungen vor.

Sport verbindet, steigert die Gesundheit und baut Stress ab. Eine 10-minütige Gymnastikeinheit mit den Kolleginnen und Kollegen als Ritual etwa kurz vor dem Mittagessen hat daher gleich mehrere positive Auswirkungen.

FIXER TERMIN			
DAUER			
ÜBUNG 1			
ÜBUNG 2			
ÜBUNG 3			
ÜBUNG 4			
ÜBUNG 5			
ÜBUNG 6			
ÜBUNG 7			
ÜBUNG 8			

CHALLENGE
GESCHAFFT

CHALLENGE
EXPERTEN

1

EINE GEMEINSAME AKTION MIT KOLLEGEN

Gemeinsam können wir wirklich etwas bewegen. In unserem Leben bewegen wir uns in verschiedenen Gruppen. Die Arbeitskollegen und - kolleginnen sind eine dieser Gruppen. Nutzt dieses bestehende „Wir-Gefühl", um gemeinsam eine nachhaltige Aktion zu organisieren.

SO GEHT'S

Ihr könnt die Aktion in der Freizeit als Freunde und Freundinnen oder offiziell als Vertreter/innen des Unternehmens auf die Beine stellen. Das kommt ganz darauf an, wo und wie du arbeitest. Versuche, möglichst viele für die Aktion zu begeistern und ins Boot zu holen.

- **Clean-up rund um das Firmengelände**
- **Teilnahme an einem Charity-Firmenlauf**
- **Seed Bombs rund um das Firmengelände verteilen**
- **Kleidertauschparty im Büro organisieren**
- **Einmal pro Woche gemeinsam aus mitgebrachten Essensresten ein Mittagessen kochen**
- **Fahrgemeinschaften bilden**
- **Nachhaltigen Ideenbaum im Flur aufstellen (dort kann jede/r seine Ideen für ein nachhaltigeres Büro notieren)**
- **„Kinoabend": gemeinsam eine nachhaltige Dokumentation schauen**
- **Bio-Obstkiste für das Büro abonnieren**
- **Gemeinsam auf Leitungswasser statt Wasser in Flaschen umsteigen**

CHALLENGE
GESCHAFFT

CHALLENGE
EXPERTEN

2

EINEN WANDEL IM UNTERNEHMEN ANSTOSSEN

Auch als Angestellte/r kannst du dazu beitragen, ein Unternehmen in eine nachhaltigere Richtung zu lenken. Zum einen durch dein eigenes Handeln und Auftreten, zum anderen aber auch durch den Anstoß von größeren Umstellungen.

SO GEHT'S

Hat dein Unternehmen eine Nachhaltigkeitsabteilung, engagiere dich dort oder trage deine Ideen für eine Verbesserung an die Verantwortlichen heran. Hat es keine, besteht eventuell die Möglichkei zur/zum Nachhaltigkeitsbeauftragten zu werden.

NACHHALTIGE UMSTELLUNGEN IM UNTERNEHMEN	
Wechsel zu einem Ökostromanbieter	●
Einbau von Energiesparlampen	●
Umstieg auf Recyclingpapier	●
Reduktion von Papier bis hin zum komplett papierlosen Büro	●
Angebot von vegetarischen und veganen Gerichten in der Kantine erhöhen	●
Regionale Bio-Lebensmittel in der Kantine	●
Ein Teil des Gewinns des Unternehmens spenden	●
Wechsel zu nachhaltigen Materialien in der Produktion	●
Job-Tickets anbieten	●
Duschen und Umkleiden bereitstellen, um die Anfahrt mit dem Rad zu ermöglichen	●
Fahrradstellplätze vor dem Büro schaffen	●
E-Dienstwagen statt Verbrennungsmotor	●
fair produzierte Arbeitskleidung	●

CHALLENGE GESCHAFFT

CHALLENGE
EXPERTEN

3

MEINEN ARBEITGEBER WECHSELN?

Nach den eigenen Werten zu leben macht zufrieden. Einen Job ausüben, der gegen unsere Werte spricht, tut auf Dauer nicht gut. Solltest du dich auch nach deinen Bemühungen für einen Wandel nicht wohlfühlen, ist ein Wechsel für dich vielleicht der richtige Schritt.

SO GEHT'S

Notiere zunächst, welche Werte dir in einem Unternehmen wichtig sind. Beachte darüber hinaus weitere Aspekte, wie die Entfernung zum Arbeitsplatz, die Arbeitszeiten und auch das Einstiegsgehalt. Schließlich sollte das Gesamtpaket stimmen, damit du dich rundum wohlfühlst bei deinem neuen Arbeitgeber.

MEIN NEUER, NACHHALTIGER ARBEITGEBER	
Diese Werte und Aspekte sind mir wichtig	
Maximale Entfernung zum Arbeitsplatz	
Wunscharbeitszeiten	
Wunschgehalt	
Unternehmensgröße	

Tipp: Auf Plattformen wie **goodjobs.eu**, **jobverde.de** oder **nachhaltigejobs.de** findest du unzählige Stellenausschreibungen in nachhaltigen Unternehmen.

CHALLENGE
GESCHAFFT

[CHALLENGES]

SOZIALES

CHALLENGE
ANFÄNGER

1

AUF GESCHENKPAPIER VERZICHTEN

Geschenkpapier hat in der Regel eine sehr kurze Lebensdauer. Nach dem Auspacken landet das energieintensiv bunt bedruckte Papier im Müll. Die bessere Wahl sind daher Mehrwegverpackungen oder solche, die du ohnehin schon zu Hause hast und die man zweckentfremden kann.

SO GEHT'S

Spätestens beim Auspacken der Geschenke wirst du vermutlich noch mehr Personen von deiner Idee begeistern können. Denn auch ohne gekauftes Geschenkpapier können deine Geschenke sehr hübsch verpackt werden.

Hübsche Stofftücher, schicke Pappkartons, verzierte Einmachgläser oder edle Metalldosen sind ein wunderbarer Ersatz für buntes Papier. Nach dem Verschenken können sie einfach weiterverwendet werden. Bewahre solche Gegenstände auf, so hast du zu anstehenden Festen ausreichend Material.

Ebenso kannst du ganz wunderbar Altpapier verwenden. Bewahre besonders schöne Zeitungsseiten, alte Kalenderblätter oder Seidenpapier von Bestellungen dafür auf.

Verschönern kannst du deine Geschenke mit Naturmaterialien, wie zum Beispiel mit bunten Blättern, hübschen Zweigen, Nüssen, Kastanien, Steinen, Federn oder Moos.

DIESE MATERIALIEN MÖCHTE ICH NOCH SAMMELN FÜR MEINE DIY-GESCHENKVERPACKUNGEN

CHALLENGE GESCHAFFT

CHALLENGE
ANFÄNGER

2

WICHTELN: KLASSE STATT MASSE

An Weihnachten soll möglichst jeder im Familien- und Freundeskreis ein Geschenk bekommen. Für die ein oder andere Person kaufen wir dann nicht selten „einfach irgendwas". Beim Wichteln wird der Konsum reduziert, und man kann wenige, besondere Geschenke verschenken.

SO GEHT'S

Schlage deiner Familie sowie deinen Freundesgruppen vor, dieses Jahr zu wichteln. Schließlich zählt der Gedanke dahinter und nicht die Masse an Produkten.

Legt gemeinsam eure **Regeln** fest. Das gestaltet das Wichteln um einiges unkomplizierter und vermeidet Enttäuschungen. Eure Regeln könnten so oder so ähnlich aussehen:

- **nur ein Geschenk pro Person**
- **maximal XX Euro für das Geschenk ausgeben**
- **nur Selbstgemachtes verschenken**
- **kein neues Geschenkpapier verwenden**
- **nur Aktivitäten verschenken**
- **nur Essbares verschenken**

TIPP

Mit dem **Wichtel-o-mat** lässt sich die Wichtel-Ziehung auch ganz einfach digital vollziehen. So müssen für die Ziehung nicht alle Beteiligten zusammenkommen.

CHALLENGE GESCHAFFT

CHALLENGE
ANFÄNGER

3

GESCHENKE BASTELN STATT KAUFEN

DIY-Geschenke können viel wertvoller sein als gekaufte Dinge. Du machst dir Gedanken darüber, was zu einer Person passt, und investierst Zeit und Mühe in die Herstellung. Somit sind gebastelte Geschenke eine wunderbare Möglichkeit, Wertschätzung auszudrücken.

SO GEHT'S

Manche DIY-Geschenke benötigen etwas Vorlaufzeit. Etwa der Essig, den du selbst ansetzt. Plane daher deine DIY-Geschenke rechtzeitig.

INSPIRATION FÜR DIY-GESCHENKE		
ESSEN	KOSMETIK	GARTEN
Frucht-Essig	Badesalz	Seed Bombs
Granola	Lippenbalsam	Kräutertopf
Sirup	Seife	Vogelfutter
Likör	Bodybutter	Insektenhotel

MEINE DIY-GESCHENKELISTE	
FÜR ...	DIY-GESCHENK

SOZIALES

CHALLENGE
GESCHAFFT

CHALLENGE
FORTGESCHRITTENE

1

EIN KONSUMTAGEBUCH FÜHREN

Ein Konsumtagebuch kann dabei helfen, den eigenen Konsum kritisch zu hinterfragen und in vielen Bereichen deutlich zu reduzieren. Zudem hilft es dabei, deutlich bewusstere Kaufentscheidungen zu treffen.

SO GEHT'S

Das Konsumtagebuch kann digital wie analog geführt werden. Für die analoge Variante kannst du die untenstehende Tabelle ausfüllen.

TEIL 1: GEKAUFTE PRODUKTE

Notiere hier alle Produkte, mit Ausnahme von Lebensmitteln, die du konsumiert hast. Schreibe auf, was du wann für wie viel Geld gekauft hast.

TEIL 2: PRODUKTE, DIE IN ZUKUNFT GEKAUFT WERDEN

Über Produkte, von denen du weißt, dass du sie bald kaufen musst, solltest du dir frühzeitig Gedanken machen. Notiere dir, welche Eigenschaften dir für das Produkt wichtig sind, um genau das Passende zu finden.

GEKAUFTE PRODUKTE

PRODUKTE, DIE IN ZUKUNFT GEKAUFT WERDEN

CHALLENGE
GESCHAFFT

CHALLENGE
FORTGESCHRITTENE

2

EINEN BRIEF AN EINE/N POLITIKER/IN SCHREIBEN

Als Bürger/in eines demokratischen Landes hast du die Möglichkeit, die Politik aktiv mitzugestalten. Neben der Beteiligung an sämtlichen Wahlen ist das Verfassen eines Briefes an eine/n Politiker/in wohl eine der am wenigsten aufwendige Möglichkeit, sich einzubringen.

SO GEHT'S

Wende dich mit deinem Anliegen in einem Schreiben ganz direkt an die/den zuständige/n Politiker/in. Das kann ein/e Ministerpräsident/in oder auch ein/e Abgeordnete/r in deinem regionalen Wahlkreis sein.

Auf **www.abgeordnetenwatch.de** findest du per Eingabe der Postleitzahl die in deinem Wahlkreis zuständigen Abgeordneten. Du kannst dir einige Fakten zur Person durchlesen und bereits öffentlich gestellte Fragen wie Antworten ansehen. Statt in einem klassischen Brief kannst du dein Anliegen auch direkt auf der Website vortragen.

Möchtest du dein Anliegen nicht öffentlich vortragen, kannst du dem/der Politiker/in auch eine E-Mail schreiben. Zwar wäre das umweltschonender, doch Briefe sind am effektivsten. Sie müssen in die Hand genommen werden, und für sie gibt es keine Spam-Filter.

Alternativ zum Schreiben kannst du Abgeordnete auch telefonisch kontaktieren und so in den direkten Austausch treten. In der Regel werden Mitarbeiter ans Telefon gehen. Du kannst aber auch höflich um einen persönlichen Rückruf bitten.

AN DIESE POLITIKER/INNEN MÖCHTE ICH EINEN BRIEF SCHREIBEN

NAME	ADRESSE	ANLIEGEN

CHALLENGE
GESCHAFFT

CHALLENGE
FORTGESCHRITTENE

3

EINE PETITION STARTEN

Bei einer Petition wird inhaltlich unterschieden zwischen einem „Ersuchen" und einer „Beschwerde". Durch eine Petition kannst du also zum einen eine Änderung einer Verfahrensweise in einer Behörde erbitten oder eine unverhältnismäßig empfundene Behördenentscheidung melden.

SO GEHT'S

Du kannst eine Petition persönlich oder in Form eines Briefs einreichen. Zusätzlich kannst du aber auch um Unterstützung werben und Unterschriften für deine Petition sammeln. Je mehr Unterschriften du zusammenbekommst, desto wirkungsvoller ist die Petition. Doch auch Petitionen mit verhältnismäßig wenigen Unterschriften können wirkungsvoller sein als du vermutet. Also trau dich!

Über die Website des Bundestags kannst du unter **www.epetitionen.bundestag.de** sowohl eine Petiton zur Veröffentlichung als auch eine Petition ohne Veröffentlichung einreichen. Im **Petitions-Forum** auf der Website des Bundestags kannst du öffentliche Petitionen einsehen und diese durch deine digitale Unterschrift unterstützen.

Zusätzlich stehen dir zum Einreichen einer Petition Portale wie **www.openpetition.de** zur Verfügung. Hier gestaltet sich die Einreichung etwas benutzerfreundlicher.

MEINE PETITION	
Mein Anliegen	
Zuständige Stelle	
So möchte ich Unterstützer*innen finden	

CHALLENGE
GESCHAFFT

CHALLENGE
EXPERTEN

1

AN EINER DEMONSTRATION TEILNEHMEN

Greta Thunberg hat im September 2018 ganz allein den Schulstreik begonnen. Mittlerweile haben sich ihr mehrere Millionen Menschen angeschlossen – jung wie alt. Solche Bewegungen regen zum Handeln an.

SO GEHT'S

Du musst auf deiner ersten Demo nicht lauthals Parolen mitschreien, und du musst auch nicht am Abend vorher aufwendig ein Schild basteln. Sei einfach dabei, schon das allein bekundet deine Unterstützung. Und sei dir bewusst: Es macht einen Unterschied, ob du dabei bist oder nicht.

MEIN DEMO-PLANER		
DEMO	STARTZEIT	TREFFPUNKT

CHALLENGE
GESCHAFFT

CHALLENGE
EXPERTEN

2

EINER PARTEI BEITRETEN

Briefe und Petitionen sind die weniger aufwendigen Möglichkeiten, wie du dich aktiv in das politische Geschehen einbringen kannst. Möchtest du noch einen Schritt weitergehen, kommt vielleicht der Beitritt in eine Partei für dich infrage.

SO GEHT'S

Informiere dich über das Programm der unterschiedlichen Parteien. Bei welchem Programm ist die Überschneidung deiner eigenen Werte und Wünsche am größten?

Nimm anschließend an einer Podiumsdiskussion, einem Stammtisch, einer Mitgliederversammlung oder auch der offenen Vorstandssitzung der Partei in deinem Kreisverband teil. So kannst du dir ein genaueres Bild machen und offene Fragen stellen.

Als Parteimitglied musst du keinen festen Posten besetzen und dich auch nicht um ein Amt bewerben. Doch als Mitglied hast du die Möglichkeit, auf Parteiversammlungen abzustimmen. So kannst du die Parteiarbeit aktiv mitgestalten.

Bist du von einer Partei überzeugt, kannst du meist recht unkompliziert online den Mitgliedsantrag ausfüllen. In der Regel wird ein monatlicher Mitgliedsbeitrag fällig.

AN DIESEN POLITISCHEN VERANSTALTUNGEN MÖCHTE ICH TEILNEHMEN, UM MIR EIN BILD VON DER PARTEI ZU MACHEN		
EVENT	UHRZEIT	ORT

CHALLENGE
GESCHAFFT

CHALLENGE
EXPERTEN

3

EIN EHRENAMT AUSÜBEN

Neben Spenden sind die meisten gemeinnützigen Organisationen auf Ehrenamtliche angewiesen. Durch ein Ehrenamt kannst du gemeinsam mit Gleichgesinnten etwas bewegen. So leistest du nicht nur einen nachhaltigen Beitrag, ein Ehrenamt kann auch sehr erfüllend für dich sein.

SO GEHT'S

Stell dir vorab ein paar Fragen, um das richtige Ehrenamt für dich zu finden. Es ist großartig, dass du dich engagieren möchtest. Doch das Amt sollte zu dir und deinen Fähigkeiten passen, damit du dich auf Dauer bestmöglich einbringen kannst.

- **Möchtest du mit Menschen oder Tieren arbeiten?**
- **Was bereitet dir besonders viel Freude?**
- **Wie viel Zeit möchtest du für dein Ehrenamt aufbringen?**
- **Wie weit sollte die Einsatzstelle maximal von deinem Zuhause entfernt sein?**
- **Mit welchem Wissen und welchen Fähigkeiten kannst du andere bereichern?**
- **Welche Umweltthemen beschäftigen dich im Alltag besonders?**
- **Welche sozialen Themen beschäftigen dich im Alltag besonders?**
- **Warum möchtest du ein Ehrenamt ausüben?**
- **Was erhoffst du dir von dem Ehrenamt?**

SOZIALES

TIPP

Auf Portalen wie **ehrenamtssuche.de** oder **caritas.de** findest du Listen mit Gesuchen für ehrenamtliche Unterstützung in deiner Nähe.

CHALLENGE
GESCHAFFT

[DIY-ANLEITUNGEN]

SELBERMACHEN

MANDELMILCH

Da Mandeln häufig in umweltschädlichen Monokulturen angebaut werden, ist es hier besonders wichtig, fair gehandelte Bio-Mandeln zu wählen. Mit diesem Rezept kannst du Plastik reduzieren und lernst zudem eine leckere Alternative zu Milch und Joghurt kennen.

ZUTATEN

Zutaten
600 ml Wasser
2 EL weißes Mandelmus
oder 200 g Mandelplättchen

Optional nach Belieben hinzufügen:
1 Dattel
1 Prise Zimt
1 Prise Salz

ZUBEREITUNG

1. Alle Zutaten etwa 2 Minuten auf höchster Stufe mixen.

HINWEIS

Die Mandelmilch sollte stets frisch zubereitet werden. Im Kühlschrank hält sie sich in der Regel etwa 4 Tage.

GEMÜSEBRÜHE

Mit der „Foodsaver Gemüsebrühe" kannst du „Bio-Abfälle" verwerten und durch Einfrieren ewig haltbar machen. Das Rezept ist inspiriert durch Justine vom Blog **justinekeptcalmandwentvegan.com**, der noch viele weitere tolle Tipps zum Thema bereithält.

ZUTATEN

500 g Gemüsereste
1,5 l Wasser
1 EL Salz

ZUBEREITUNG

1. Gemüsereste (Stiele von Kräutern, Brokkolistrunk, Schalen von Bio-Gemüse & Co.) sammeln. Wird über einen langen Zeitraum gesammelt, sollten die Reste im Tiefkühlfach aufbewahrt werden. Ansonsten genügt auch der Kühlschrank.
2. Alle Zutaten in einen großen Topf geben und mit halb geschlossenem Deckel etwa 1 Stunde lang köcheln.
3. Die Flüssigkeit sieben, damit keine Gemüsestücke mehr enthalten sind.

HINWEIS

Bei zügigem Verbrauch im Kühlschrank lagern, ansonsten in Eiswürfelformen einfrieren und so portionsweise verwenden.

HIMBEERSIRUP

Mit dem Himbeersirup kannst du Desserts garnieren oder deinem Leitungswasser hin und wieder Geschmack verpassen. Natürlich kannst du die Himbeeren auch durch anderes Obst wie Erdbeeren ersetzen. Festes Obst, wie Äpfel, sollte vorher weichgekocht werden.

ZUTATEN

200 g Himbeeren (frisch oder TK)
200 g Zucker
100 ml Wasser

ZUBEREITUNG

1. Die frischen Himbeeren pürieren. Solltest du TK-Himbeeren verwenden, kannst du sie auch erst nach dem Kochen (Schritt 2) zusammen mit den anderen Zutaten pürieren.
2. Alle Zutaten in einen Topf geben und bei mittlerer Hitze etwa 15 Minuten lang aufkochen. Dabei stetig rühren, damit der Sirup nicht anbrennt.
3. Nach dem Kochen die Flüssigkeit durch ein feines Sieb gießen.
4. Den Sirup in eine gut verschließbare Flasche füllen. Diese zum Abkühlen hinlegen, damit die noch heiße Flüssigkeit den Deckel berührt und eventuelle Bakterien und Keime abtötet.

PESTO

Viele haben Pesto als Fertigprodukt auf Vorrat. Dabei ist es ganz schnell frisch zubereitet. Fertigprodukte enthalten oft unerwünschte Inhaltsstoffe. Zudem wird für die Herstellung viel Energie benötigt, und sie legen im Rahmen der Lieferkette weite Transportwege zurück.

ZUTATEN

2 Hände voll Kräuter nach Wahl (Basilikum, Petersilie, Grün der Möhre)
1 Knoblauchzehe
4 EL Nüsse nach Wahl (Pinienkerne, Cashewkerne, Walnusskerne)
8 EL Olivenöl
2 EL Hefeflocken
1 Prise Salz
1 Prise Pfeffer

ZUBEREITUNG

1. Zunächst die Kräuter inklusive der Stiele waschen.
2. Die Knoblauchzehe schälen.
3. Der Geschmack kann durch Anrösten der Nüsse verfeinert werden.
4. Alle Zutaten mit einem Mixer zu einem cremigen Pesto verarbeiten.

HINWEIS

Das Pesto sollte gut verschlossen in einem Glas mit einer Schicht Olivenöl zuoberst im Kühlschrank gelagert werden. In der Regel hält es so bis zu 3 Wochen.

UNIVERSAL-REINIGER

Mit dem Universal-Reiniger kannst du nahezu sämtliche Oberflächen in Küche, Badezimmer und Wohnzimmer reinigen, wenn sie etwas stärker verschmutzt sind und reines Wasser nicht mehr hilft. Bei empfindlichen Oberflächen den Reiniger vorher vorsichtig testen.

ZUTATEN

1 l Wasser
20 g Waschsoda
40 ml Spülmittel
50 ml Essigessenz

ZUBEREITUNG

1. 250 ml Wasser und Soda in einen großen Topf geben und unter Rühren kurz aufkochen.
2. Topf vom Herd nehmen, Spülmittel hinzugeben und gut umrühren.
3. Nun die Essigessenz langsam hinzufügen, da sich eventuell Schaum bildet.
4. Die restlichen 750 ml Wasser hinzugeben und nochmals kräftig rühren.
5. Den fertigen Reiniger in eine Sprühflasche füllen.

[INFOS]

ZUM NACHSCHLAGEN

MIKROPLASTIK

Im Alltag begegnen uns die kleinen Mikroplastik-Partikel mittlerweile an vielen Stellen. Das Plastik schadet Umwelt, Mensch und Tier. Beachten wir ein paar simple Dinge, können wir die Produktion von Mikroplastik verringern.

Als Mikroplastik werden Plastikteilchen bezeichnet, die kleiner als fünf Millimeter sind. Zu einem Teil wird Mikroplastik gezielt industriell hergestellt, um dann in Produkten, wie Kosmetika oder Reinigungsmitteln, Verwendung zu finden. Die Partikel sorgen etwa für einen Peeling-Effekt in Gesichtsreinigern und dienen als Scheuerpartikel in Putzmitteln. Der Klassiker ist vermutlich das Gesichtspeeling. Bei diesem werden von einigen Herstellern winzige Plastikpartikel als Reibkörper eingesetzt. Durch das Abwaschen des Peelings gelangt das Mikroplastik in Kläranlagen, in denen es kaum bis gar nicht herausgefiltert werden kann. So gelangt immer mehr Mikroplastik in unseren Wasserkreislauf. Gleichzeitig entsteht Mikroplastik beim Zerfall von größeren Plastikteilen – etwa beim Waschen von Kleidung aus Synthetikfasern oder auch durch die Abnutzung von Gummireifen.

Bei Meereslebewesen sowie Seevögeln konnte schon eine hohe Belastung ihrer Verdauungsorgane, insbesondere ihrer Mägen, mit Mikroplastikpartikeln nachgewiesen werden. Wie sich das Mikroplastik auf die Gesundheit des Menschen auswirkt, wurde bisher wenig erforscht. Es fehlen Langzeitstudien. Doch auch wir nehmen es auf. In unseren Böden befindet sich bereits mehr Plastik als in den Weltmeeren.

WIE KANN MIKROPLASTIK VERMIEDEN WERDEN?

1. Beim Kauf von Kosmetikprodukten oder Wasch- und Reinigungsmitteln darauf achten, dass kein Mikroplastik enthalten ist.
2. Beim Kauf von Textilien auf Kleidungsstücke aus natürlichen Fasern zurückgreifen.
3. Bereits vorhandene Kunstfaserkleidung im GUPPYFRIEND, einem speziellen Waschsack, waschen.

MERKZETTEL

ACHTUNG MIKROPLASTIK!

ACRYLATES COPOLYMER **(AC)**
POLYACRYLATE **(PA)**
POLYETHYLENE TEREPHTHALATE **(PET)**
ACRYLATE CROSSPOLYMER **(ACS)**
POLYMETHYL METHACRYLATE **(PMMA)**
POLYPROPYLENE **(PP)**
DIMETHICONOL
POLYQUATERNIUM **(PQ)**
POLYPROPYLENE GLYCOL **(PPG)**
METHICONE
POLYETHYLENE **(PE)**
POLYSTYRENE **(PS)**
POLYAMIDE **(PA, NYLON)**
POLYETHYLENE GLYCOL **(PEG)**
POLYURETHANE **(PUR)**
SILOXANE
SILSESQUIOXANE

TIPP: ÜBERPRÜFE DIE INHALTSSTOFFE PER APP

Jedes Produkt verfügt über einen individuellen Barcode. Mit diesem kannst du binnen weniger Sekunden detaillierte Informationen über das Produkt erhalten. Scanne dafür den Code einfach mit einer der beiden folgenden Apps. So erfährst du nicht nur, ob Mikroplastik enthalten ist, es werden auch weitere bedenkliche Stoffe angezeigt.

Codecheck: Dank eines Ampelsystem weißt du nach dem Scannen sofort, ob ein Kosmetikprodukt unbedenklich (grün), bedenklich (gelb) oder sehr bedenklich (rot) ist. Die Einschätzung wird detailliert aufgeschlüsselt, wodurch du erfährst, ob das Produkt etwa Mikroplastik oder Palmöl enthält. Die Codecheck-App kannst du außerdem auch zur Überprüfung von Lebensmitteln nutzen.

ToxFox: Als Ergänzung zur umfangreichen Codecheck-App prüft ToxFox Kosmetikprodukte auf hormonell wirksame Chemikalien. Diese werden unter anderem als günstige Konservierungsstoffe eingesetzt und können Ursache für Unfruchtbarkeit, Diabetes und weitere Erkrankungen sein.

FAIR-FASHION-ZERTIFIKATE

Nachhaltige Modelabels agieren in der Regel transparent. Sie gewähren Einblicke in die Produktion und liefern Informationen zu den verwendeten Materialien. Auf **siegelklarheit.de** werden die unterschiedlichen Siegel vorgestellt. Hier ist eine Übersicht der größten Siegel.

GOTS	Der „Global Organic Textile Standard" stellt die gesamte Wertschöpfungskette auf den Prüfstand – vom Anbau bis zum fertigen Produkt. Auch soziale Mindeststandards werden dabei festgelegt.
FWF	Die „Fair Wear Foundation" setzt sich besonders stark für gerechte Bedingungen der Arbeiter ein. Kinderarbeit, Dumpinglöhne und unrechtmäßige Arbeitszeiten sind somit ausgeschlossen.
Fairtrade Certified Cotton	Kleidungsstücke mit diesem Siegel bestehen zu 100 % aus fairtrade-zertifizierter Bio-Baumwolle. Zudem werden faire Arbeitsbedingungen und Mindestpreise für Baumwollbauern garantiert.
Bluesign	„Bluesign" möchte die Umwelteinflüsse in der Textilbranche verringern. Der Standard regelt daher Chemikalienrisiken für die gesamte Herstellungskette und stellt einen verantwortungsbewussten Umgang mit Ressourcen sicher.
IVN Best	Das Siegel regelt sowohl Material- als auch Sozialstandards und ist das ökologisch strengste Zertifikat. Die Textilien bestehen aus 100 % Bio-Naturfasern.
OEKO-TEX Made in Green	Das Siegel stellt hohe Anforderungen an Umwelt- und Qualitätsmanagement sowie die Arbeitssicherheit.

NATURKOSMETIK-ZERTIFIKATE

	BDIH	Pflanzliche Rohstoffe überwiegend aus ökologischem Anbau. Synthetische Farb- und Duftstoffe, Silikone, Paraffine sowie andere Erdölprodukte sind nicht erlaubt.
	NATRUE	Ein Produkt erhält nur das NATRUE-Siegel, wenn mindestens 75 % der Produktserie den NATRUE-Standard erfüllen (verhindert Greenwashing), wobei nur natürliche oder naturnahe/naturidentische Rohstoffe bei den Inhaltsstoffen erlaubt sind.
	Ecocert	Unterscheidung zwischen Naturkosmetik und Biokosmetik. Naturkosmetik: mindestens 50 % pflanzliche Stoffe und mindestens 5 % aus ökologischem Anbau. Biokosmetik: 95 % pflanzliche Stoffe und 10 % aus ökologischem Anbau.
	Demeter	Die Kosmetikprodukte müssen einen Demeter-Rohstoffanteil von 90 % aufweisen. Zudem muss auf den Einsatz von Nanopartikeln, Mineralöl und Gentechnik verzichtet werden.
	Naturland	Die Richtlinien gehen über die gesetzlichen Regelungen der EU-Bioverordnung hinaus. „Naturland" kümmert sich mit eigenen Sozialrichtlinien auch um die Arbeitsbedingungen und soziale Absicherung der Arbeiter/innen.
COSMOS ORGANIC	**COSMOS**	Entwickelt von BDIH, Cosmébio, Ecocert, ICEA und Soil Association. COSMOS ORGANIC gilt für Produkte mit den erforderlichen Mengen an Bio-Bestandteilen. Die COSMOS-Kennzeichnung erfolgt immer unter dem Zeichen des Zertifizierers oder des verantwortlichen Verbands, z. B. BDIH, Ecocert.
	ICADA	Keine vom Bio-Anteil abhängige, komplizierte Einteilung in unterschiedliche Klassen. Alle Stoffe erlaubt, die in der Natur vorkommen, ausgenommen Rohstoffe von toten Wirbeltieren. Über in der Natur vorkommende Prozesse hergestellte Rohstoffe sind ebenfalls erlaubt.
	Austria Bio Garantie	Die Produkte sind nach der „Richtlinie für die biologische Produktion, Abschnitt Biokosmetika" zertifiziert. Die zertifizierten Produkte werden streng von den Kontrollstellen kontrolliert. Die Kontrolle wird wiederum vom Ministerium überwacht.

LEBENSMITTEL

BIO-ZERTIFIKATE

Deutsches Bio-Siegel	Keine künstlichen Geschmacksverstärker, Aroma, - Farb- und Konservierungsstoffe. Alle Zutaten müssen aus dem ökologischen Landbau stammen, für bis zu 5 % dieser Zutaten sind streng geregelte Ausnahmen möglich. Der Einsatz von Antibiotika ist stark begrenzt. Das Bio-Siegel ist eine freiwillige Kennzeichnung und wird aufgrund der hohen Bekanntheit häufig zusätzlich zum EU-Bio-Logo abgedruckt.
EU-Bio-Logo	Seit dem 1. Juli 2012 müssen alle vorverpackten Öko-Lebensmittel, die einen Verarbeitungsschritt in der EU erfahren haben, dieses Logo tragen. Die Kriterien stimmen mit denen des Deutschen Bio-Siegels überein.
Naturland	Die Richtlinien gehen über die gesetzlichen Regelungen der EU-Bioverordnung hinaus. „Naturland" kümmert sich mit eigenen Sozialrichtlinien auch um die Arbeitsbedingungen und soziale Absicherung der Arbeiter/innen.
Naturland Fair	Zusatzzertifizierung von „Naturland", die Öko-Landbau und Fairen Handel in einem Zeichen vereint.
Demeter	Demeter ist der älteste Bio-Bauernverband in Deutschland, er existiert seit 1924. Grundlage des Anbaus der Demeter-Landwirte bildet das „biologisch-dynamische Prinzip", das von Rudolf Steiner entwickelt wurde. Die Richtlinien der Demeter-Bauern gelten als die strengsten beim Bio-Landbau in Deutschland.
Bioland	Bioland ist der führende Verband für ökologischen Landbau in Deutschland. Über 7.700 Landwirte, Gärtner, Imker und Winzer wirtschaften nach den Bioland-Richtlinien. Grundprinzip des organisch-biologischen Landbaus ist die Kreislaufwirtschaft. Daneben sind Tierwohl, Regionalität und Forschung und Entwicklung Kernthemen von Bioland.

DOKUMENTATIONEN

ABGEFÜLLT (TRINKWASSER)
BEFORE THE FLOOD (KLIMAWANDEL)
BIKES VS. CARS (MOBILITÄT)
BOTTLED LIFE (TRINKWASSER)
COWSPIRACY (LANDWIRTSCHAFT)
CHASING CORAL (NATUR)
CHASING ICE (NATUR)
DIE EIERLÜGE (NAHRUNGSMITTELPRODUKTION)
DIE ROTE LINIE (HAMBACHER FORST)
DIE **UNBEQUEME WAHRHEIT ÜBER UNSERE OZEANE** (NATUR)
DOMINION (MASSENTIERHALTUNG)
EIN BÖSES ERWACHEN – DER ÖLCRASH (ERDÖL)
GROWING CITIES (URBAN GARDENING)
HOW TO CHANGE THE WORLD (MODERNE UMWELTBEWEGUNG)
HUMAN FLOW (MENSCHEN AUF DER FLUCHT)
INHABIT (PERMAKULTUR)
MINIMALISM (KONSUM)
MORE THAN HONEY (BIENENSTERBEN)
OKJA (NAHRUNGSMITTELPRODUKTION)
PLANET ERDE II (NATUR)
PLASTIC PLANET (PLASTIKKONSUM)
POWER TO CHANGE – DIE ENERGIEREBELLION (ENERGIEWENDE)
SWEATSHOP (MODE)
TOMORROW (NACHHALTIGE LÖSUNGEN FÜR DIE ZUKUNFT)
TASTE THE WASTE (LEBENSMITTELVERSCHWENDUNG)
THE BORNEO CASE (ILLEGALER HOLZSCHLAG)
THE TRUE COST (MODE)
UNRAVEL (MODE)
UNSER TÄGLICH GIFT (LEBENSMITTELINDUSTRIE)
10 MILLIARDEN – WIE WERDEN WIR ALLE SATT? (LANDWIRTSCHAFT)

NACHHALTIGE BANKEN

Durch den Wechsel zu einer grünen Bank treibst du den gesellschaftlichen Wandel voran. Dabei sind nicht nur große Geldanlagen entscheidend, jeder Euro auf dem Girokonto bei einer grünen Bank gestaltet den Weg zu einer nachhaltigeren Welt mit.

Auf den Unternehmenswebsites der deutschen Öko-Banken kannst du dich genauer über die jeweilige Bank informieren und die für dich passende auswählen.

ÖKO-BANKEN IM DEUTSCHSPRACHIGEN RAUM

- EthikBank
- GLS Bank
- Triodos Bank
- UmweltBank
- ToMoRRoW Bank
- Pax-Bank
- BIB
- evenordbank
- Steyler Bank
- Alternative Bank Schweiz (ABS)
- Freie Gemeinschaftsbank
- Globobalance Bank

NACHHALTIGE STROMANBIETER

Auf den Unternehmenswebsites der Ökostromanbieter in Deutschland aus der unten stehenden Liste kannst du dich über die Arbeit des jeweiligen Anbieters genauer informieren. Wähle den für dich passenden Anbieter und wende dich an diesen mit deinem Wechselwunsch.

10 ÖKOSTROMANBIETER IM DEUTSCHSPRACHIGEN RAUM

BÜRGERWERKE
ENERGIE IN GEMEINSCHAFT

NATURSTROM
ENERGIE MIT ZUKUNFT

EWS
ELEKTRIZITÄTSWERKE SCHÖNAU

POLARSTERN
WIRKLICH BESSERE ENERGIE

GREENPEACE ENERGY
MEIN STROM. MEIN GAS. MEINE ENTSCHEIDUNG.

LICHTBLICK
GENERATION REINE ENERGIE

ÖKOSTROM+
DER ÖKOSTROM MIT DEM PLUS FÜR ALLE

MANNSTROM

ENTEGA

GRÜNSTROMWERK

GRÜNWELT ENERGIE GMBH

MEINALPENSTROM GMBH

PROKON REGENERATIVE ENERGIEN EG

VERGLEICH VON CO_2-EMISSIONEN

Die Wahl unserer Nahrungsmittel ist für 31% der von Menschen verursachten CO_2-Emissionen verantwortlich. Die meisten entstehen bei der Erzeugung auf dem Acker, im Kuhstall oder bei der Verarbeitung. Ein Großteil entsteht zudem bei der Lagerung und Zubereitung.

CO_2 zählt zu den Treibhausgasen. Das zweitwichtigste Treibhausgas ist Methan. Treibhausgase in der Luft verhindern, dass Wärme ins Weltall entweicht. Je mehr Gas vorhanden ist, desto weniger Wärme entweicht, und die Erde wird aufgeheizt.

PRODUKT	CO_2-EMISSION
1 kg Tomaten	0,2 kg
1 kg Kartoffeln	0,2 kg
1 kg Äpfel	0,5 kg
1 kg Linsen	0,7 kg
1 kg Mischbrot	0,75 kg
1 l Milch	0,91 kg
1 kg Eier	1,73 kg
1 kg Schweinefleisch	3,25 kg
1 kg Geflügel	3,27 kg
1 kg Käse	7,36 kg
1 kg Rindfleisch	13,3 kg
1 kg Butter	22,9 kg

VERGLEICH DES WASSERVERBRAUCHS BEI DER PRODUKTION

Im Schnitt verbrauchen wir Deutschen täglich 122 Liter Wasser zum Duschen & Co. Zusätzlich müssen wir noch einige Liter virtuelles Wasser von den Produkten, die wir konsumieren, hinzufügen. Gemäß des WWF beträgt der tägliche Wasserfußabdruck pro Person somit 5.288 Liter.

Lebensmittel und Konsumgüter benötigen für den Anbau, die Aufzucht oder die Produktion unterschiedliche Wassermengen. Weniger wasserintensive Lebensmittel und eine längere Nutzung von Produkten kann unseren Wasserfußabdruck reduzieren.

PRODUKT	WASSERVERBRAUCH
1 kg Salat	130 Liter
1 kg Tomaten	180 Liter
1 l Milch	1.020 Liter
1 kg Weizen	1.350 Liter
1 kg Eier	3.265 Liter
1 kg Butter	5.553 Liter
1 kg Schweinefleisch	5.988 Liter
1 Jeans	8.000 Liter
1 kg Rindfleisch	15.415 Liter
1 kg Schokolade	17.000 Liter
1 Computer	20.000 Liter

JANUAR

FREILAND

- Champignons
- Grünkohl
- Porree
- Portulak
- Rosenkohl
- Topinambur

GEWÄCHSHAUS*

- Feldsalat
- Rucola

LAGERWARE

- Äpfel
- Birnen
- Chicorée
- Chinakohl
- Kartoffeln
- Knollensellerie
- Kürbis
- Möhren
- Pastinaken
- Porree
- Rettich
- Rosenkohl
- Rote Beete
- Schwarzwurzeln
- Spitzkohl
- Steckrübe
- Weißkohl
- Wirsing
- Zwiebeln

*UNBEHEIZT

FEBRUAR

FREILAND

- Champignons
- Grünkohl
- Porree
- Portulak
- Rosenkohl
- Topinambur

GEWÄCHSHAUS*

- Feldsalat
- Rucola

LAGERWARE

- Äpfel
- Chicorée
- Chinakohl
- Kartoffeln
- Knollensellerie
- Kürbis
- Möhren
- Pastinaken
- Porree
- Rettich
- Rosenkohl
- Rote Beete
- Rotkohl
- Schwarzwurzeln
- Spitzkohl
- Steckrübe
- Weißkohl
- Wirsing
- Zwiebeln

MÄRZ

FREILAND

- Champignons
- Porree
- Portulak
- Topinambur

GEWÄCHSHAUS*

- Feldsalat
- Kopfsalat-
- Rhabarber
- Rucola

LAGERWARE

- Äpfel
- Chicorée
- Chinakohl
- Kartoffeln
- Knollensellerie
- Kürbis
- Möhren
- Pastinaken
- Porree
- Rettich
- Rosenkohl
- Rote Beete
- Rotkohl
- Schwarzwurzeln
- Weisskohl
- Wirsing
- Zwiebeln

*UNBEHEIZT

APRIL

FREILAND

- Champignons
- Frühlingszwiebeln
- Porree
- Portulak
- Rhabarber
- Spargel
- Spinat

GEWÄCHSHAUS*

- Asia-Salat
- Blumenkohl
- Feldsalat
- Frühlingszwiebeln
- Gurke
- Kopfsalat
- Radieschen
- Rucola
- Spargel

LAGERWARE

- Äpfel
- Chicorée
- Chinakohl
- Kartoffeln
- Knollensellerie
- Möhren
- Pastinaken
- Rettich
- Rote Beete
- Rotkohl
- Weißkohl
- Wirsing
- Zwiebeln

MAI

FREILAND

Blumenkohl, Brokkoli, Champignons, Eissalat, Endiviensalat, Erbsen, Feldsalat, Frühlingszwiebeln, Kohlrabi, Kopfsalat, Mangold, Porree, Radicchio, Radieschen, Rettich, Rhabarber, Romanasalat, Rucola, Spargel, Spinat

GEWÄCHSHAUS*

Batavia, Chinakohl, Eichblattsalat, Eissalat, Endiviensalat, Erdbeeren, Fenchel, Gurke, Kohlrabi, Kopfsalat, Lollo Rosso, Möhren, Romanasalat, Speiserübe, Spitzkohl, Stangensellerie, Tomaten, Weißkohl

LAGERWARE

Äpfel, Chicorée, Kartoffeln, Knollensellerie, Möhren, Rettich, Rote Beete, Rotkohl, Weißkohl, Wirsing, Zwiebeln

*UNBEHEIZT

JUNI

FREILAND

Erdbeeren
Johannis-beeren
Kirschen
Batavia
Blumenkohl
Bohnen
Brokkoli
Cham-pignons
Chinakohl
Eichblatt-salat
Einlege-gurken
Eissalat
Endivien-salat
Erbsen
Feldsalat
Fenchel
Frühlings-zwiebeln
Kartoffeln
Kohlrabi
Kopfsalat
Lollo Rosso
Mangold
Porree
Radicchio
Radies-chen
Rettich
Rhabarber
Romana-salat
Rote Beete
Rucola
Spargel
Spinat
Spitzkohl
Stauden-sellerie
Zucker-schoten

GEWÄCHSHAUS*

Himbeeren
Kirschen
Rotkohl
Tomaten
Weißkohl
Wirsing
Zucchini
Zwiebeln

LAGERWARE

Chicorée
Kartoffeln
Knollen-sellerie
Möhren
Rotkohl
Weißkohl
Wirsing
Zwiebeln

JULI

FREILAND

- Aprikosen
- Erdbeeren
- Heidelbeeren
- Himbeeren
- Johannisbeeren
- Kirschen
- Mirabellen
- Pfirsiche
- Aubergine
- Batavia
- Blumenkohl
- Bohnen
- Brokkoli
- Champignons
- Chinakohl
- Eichblattsalat
- Einlegegurken
- Eissalat
- Endiviensalat
- Erbsen
- Feldsalat
- Fenchel
- Frühlingszwiebeln
- Kartoffeln
- Knollensellerie
- Kohlrabi
- Kopfsalat
- Lollo Rosso
- Mangold
- Möhren
- Paprika
- Porree
- Portulak
- Radicchio
- Radieschen
- Rettich
- Rhabarber
- Romanasalat
- Rote Beete
- Rotkohl
- Rucola
- Speiserübe
- Spinat
- Spitzkohl
- Staudensellerie
- Weißkohl
- Wirsing
- Zucchini
- Zuckerschoten
- Zwetschgen
- Zwiebeln

GEWÄCHSHAUS*

- Gurken
- Tomaten

LAGERWARE

- Chicorée
- Kartoffeln

*UNBEHEIZT

AUGUST

FREILAND

- Äpfel
- Aprikosen
- Birnen
- Erdbeeren
- Heidelbeeren
- Himbeeren
- Johannisbeeren
- Kirschen
- Mirabellen
- Pfirsiche
- Pflaumen
- Trauben
- Wassermelonen
- Zwetschgen
- Aubergine
- Batavia
- Blumenkohl
- Bohnen
- Brokkoli
- Champignons
- Chinakohl
- Eichblattsalat
- Einlegegurken
- Eissalat
- Endiviensalat
- Erbsen
- Feldsalat
- Fenchel
- Frühlingszwiebeln
- Kartoffeln
- Knollensellerie
- Kohlrabi
- Kopfsalat
- Lollo Rosso
- Mangold
- Möhren
- Paprika
- Pastinake
- Porree
- Portulak
- Radicchio
- Radieschen
- Rettich
- Romanasalat
- Rote Beete
- Rotkohl
- Rucola
- Speiserübe
- Spinat
- Spitzkohl
- Staudensellerie
- Steckrübe
- Weißkohl
- Wirsing
- Zucchini
- Zuckermais
- Zuckerschoten
- Zwiebeln

GEWÄCHSHAUS*

- Gurken
- Tomaten

LAGERWARE

- Chicorée
- Kartoffeln

SEPTEMBER

FREILAND

- Äpfel
- Birnen
- Brombeeren
- Haselnüsse
- Pflaumen
- Stachelbeeren
- Trauben
- Walnüsse
- Aubergine
- Batavia
- Blumenkohl
- Bohnen
- Brokkoli
- Champignons
- Chinakohl
- Eichblattsalat
- Einlegegurken
- Eissalat
- Endiviensalat
- Erbsen
- Feldsalat
- Fenchel
- Frühlingszwiebeln
- Grünkohl
- Holunder
- Kartoffeln
- Knollensellerie
- Kohlrabi
- Kopfsalat
- Kürbis
- Lollo Rosso
- Mangold
- Möhren
- Paprika
- Pastinaken
- Porree
- Portulak
- Radicchio
- Radieschen
- Rettich
- Romanasalat
- Rosenkohl
- Rote Beete
- Rotkohl
- Rucola
- Schwarzwurzeln
- Speiserübe
- Spinat
- Spitzkohl
- Staudensellerie
- Steckrübe
- Wassermelonen
- Weißkohl
- Wirsing
- Zucchini
- Zuckermais
- Zwetschgen
- Zwiebeln

GEWÄCHSHAUS*

- Gurken
- Tomaten

LAGERWARE

- Chicorée
- Kartoffeln

*UNBEHEIZT

OKTOBER

FREILAND

- Äpfel
- Brombeeren
- Haselnüsse
- Holunder
- Quitten
- Trauben
- Walnüsse
- Zwetschgen
- Aubergine
- Blumenkohl
- Bohnen
- Brokkoli
- Champignons
- Chinakohl
- Eichblattsalat
- Eissalat
- Endiviensalat
- Feldsalat
- Fenchel
- Frühlingszwiebeln
- Grünkohl
- Kartoffeln
- Knollensellerie
- Kohlrabi
- Kopfsalat
- Kürbis
- Lollo Rosso
- Mangold
- Möhren
- Paprika
- Pastinaken
- Porree
- Portulak
- Radicchio
- Radieschen
- Rettich
- Romanasalat
- Rosenkohl
- Rote Beete
- Rotkohl
- Rucola
- Schwarzwurzeln
- Speiserübe
- Spinat
- Spitzkohl
- Staudensellerie
- Steckrübe
- Topinambur
- Weißkohl
- Wirsing
- Zucchini
- Zuckermais
- Zwiebeln

GEWÄCHSHAUS*

- Erdbeeren
- Gurken

LAGERWARE

- Birnen
- Chicorée
- Kartoffeln

NOVEMBER

FREILAND

Haselnüsse
Walnüsse
Blumenkohl
Brokkoli
Champignons
Chinakohl
Endiviensalat
Feldsalat
Fenchel
Frühlingszwiebeln
Grünkohl
Kartoffeln
Knollensellerie
Kürbis
Möhren
Pastinaken
Porree
Portulak
Quitten
Radicchio
Radieschen
Rettich
Romanasalat
Rosenkohl
Rote Beete
Rotkohl
Rucola
Schwarzwurzeln
Speiserübe
Spinat
Spitzkohl
Staudensellerie
Steckrübe
Topinambur
Weißkohl
Wirsing
Zwiebeln

GEWÄCHSHAUS*

Feldsalat
Kohlrabi
Kopfsalat

LAGERWARE

Äpfel
Birnen
Chicorée
Kartoffeln
Zwiebeln

*UNBEHEIZT

DEZEMBER

FREILAND

- Champignons
- Grünkohl
- Porree
- Portulak
- Rosenkohl
- Topinambur

GEWÄCHSHAUS*

- Feldsalat

LAGERWARE

- Äpfel
- Birnen
- Chicorée
- Chinakohl
- Kartoffeln
- Knollensellerie
- Kürbis
- Möhren
- Pastinake
- Rettich
- Rote Beete
- Rotkohl
- Schwarzwurzeln
- Spitzkohl
- Steckrübe
- Weißkohl
- Wirsing
- Zwiebeln

*UNBEHEIZT

VERANSTALTUNGEN ZUM THEMA NACHHALTIGKEIT

Name	
Datum & Zeit	
Veranstaltungsort	
Notiz	

Name	
Datum & Zeit	
Veranstaltungsort	
Notiz	

Name	
Datum & Zeit	
Veranstaltungsort	
Notiz	

Name	
Datum & Zeit	
Veranstaltungsort	
Notiz	

Name	
Datum & Zeit	
Veranstaltungsort	
Notiz	

REZEPTE

Gericht	
Zutaten	
Zubereitung	

Gericht	
Zutaten	
Zubereitung	

Gericht	
Zutaten	
Zubereitung	

NACHHALTIGE MARKEN UND UNTERNEHMEN

KATEGORIE	NAME

NOTIZEN

NOTIZEN

ÜBER DIE AUTORIN

Für Julia Zohren begann 2013 die Reise hin zu einem nachhaltigeren Leben. Schritt für Schritt sucht sie umweltfreundliche Lösungen für Alltagsprodukte und -situationen. Auf ihrem Blog & Instagram-Kanal **subvoyage** teilt die grüne Bloggerin ihr Wissen und gibt ihren Lesern hilfreiche Tipps. Ein Monat vor der Geburt ihrer ersten Tochter im Oktober 2017 hat Julia Zohren **YHANIUS** gegründet – ein Online-Shop für nachhaltige Produkte.

Im Juli 2019 erschien Julia Zohrens erstes Buch **„Einfach nachhaltig leben"**. **„Meine grüne Bucket-List"** ergänzt das erste Werk optimal um ein praktisches Arbeitsbuch.

DANKSAGUNG

Wie auch schon bei meinem ersten Buch habe ich auch nun wieder ganz wunderbaren Rückhalt durch meine Familie erfahren. Ohne diesen Rückhalt würde ich solch spannende wie zugleich umfangreiche Projekte in meinem Working-Mum-Alltag nicht bewerkstelligen können.

Aber auch an meine Community, speziell auf meinem Instagram-Account **@subvoyage**, möchte ich ein Dankeschön aussprechen. Danke, für all das positive Feedback zu meinem ersten Buch, das mich regelrecht beflügelt und motiviert hat, dieses zweite Werk anzugehen. Danke, für den respektvollen Austausch. Danke, für herzliche Nachrichten und kritisches Nachfragen. Danke, für das tägliche gemeinsame Motivieren.

Und weitere innovative Themen in der Reihe:
Einfach nachhaltig stricken
Einfach nachhaltig nähen
Einfach nachhaltig verpacken

Einfach nachhaltig leben
ISBN: 978-3-960**93-492**-9
18,00 € (DE) / 18,50 € (AT)

Noch mehr Anleitungen für Haushaltsmittel und Naturkosmetik

Einfach. Sauber. Nachhaltig.
ISBN: 978-3-960**93-819**-4
14,99 € (DE) / 15,50 € (AT)

Vegetarische Rezepte

Eat. Plants.
ISBN: 978-3-960**93-500**-1
30,00 € (DE) / 30,90 € (AT)

Veganes Leben
von A bis Z

Bosh! Einfach vegan leben
ISBN: 978-3-960**93-772**-2
17,00 € (DE) / 17,50 € (AT)

Vegane Rezepte

Bish Bash Bosh!
ISBN: 978-3-960**93-637**-4
22,00 € (DE) / 22,70 € (AT)

Für ein
grünes
Zuhause

Leben, lieben, gießen
ISBN: 978-3-960**93-580**-3
15,00 € (DE) / 15,50 € (AT)

IMPRESSUM

Bibliografische Information der Deutschen Bibliothek.

Die Deutsche Bibliothek verzeichnet diese Publikation in der Deutschen Nationalbibliografie.

Detaillierte bibliografische Daten sind im Internet über http://www.dnb.de/ abrufbar.

EIN BUCH DER EDITION MICHAEL FISCHER

1. Auflage 2019

Covergestaltung, Layout und Satz: Luca Feigs
Lektorat und Produktmanagement: Anne Hörr

BILDNACHWEIS
Pflanzenillustrationen: Anna Wassmer
Fotografien: Julia Zohren, außer S. 2: © Michel Paz/Unsplash, S. 6: © Tracey Hocking/Unsplash, S. 51: © Taratorki/Shutterstock, © Uellue/Shutterstock, © Isabel Sala Casteras/Shutterstock; S. 56: © Andreas Haimerl/Unsplash; S. 77: © Sylvie Tittel/Unsplash; S. 106: © Brooke Lark/Unsplash; S. 112 © Isaac Mehegan/Unsplash; S. 140: Dennis Gall.
Zertifikate Kosmetik: © Bundesverband der Industrie- und Handelsunternehmen für Arzneimittel, Reformwaren, Nahrungsergänzungsmittel und kosmetische Mittel e.V. (BDIH); © The international Natural and Organic Cosmetics Association (NATRUE); © Ecocert IMO GmbH (Ecocert); © Demeter e.V. (Demeter); © Umweltbundesamt (Blauer Engel); © COSMOS-standard AISBL (COSMOS); ICADA e.V. international cosmetic and device association e.V. (ICADA); © AUSTRIA BIO GARANTIE GmbH - Landwirtschaft GmbH (Austria Bio Garantie).
Zertifikate Ernährung: © Bundesanstalt für Landwirtschaft und Ernährung (Deutsches Bio-Siegel); © Europäische Kommission – Generaldirektion, Landwirtschaft und ländliche Entwicklung (EU-Bio-Siegel); © Naturland - Verband für ökologischen Landbau e.V. (Naturland/Naturland Fair); © Demeter e.V. (Demeter); © Bioland- Verband für organisch-biologischen Landbau e.V. (Bioland).
Zertifikate Mode: © Global Organic Textile Standard (GOTS); © TransFair e.V. (Fairtrade Certified Cotton); © bluesign technologies ag (Bluesign); © Internationaler Verband der Naturtextilwirtschaft e. V. (IVN BEST); © OEKO-TEX® Service GmbH (OEKO-TEX Made in Green); © Ecocert IMO GmbH (fair for life).
Zertifikate Reisen: © TourCert GmbH (TourCert); © Green Globe (Green Globe), © RAL gemeinnützige GmbH (EU Ecolabel); © InfraCert GmbH (GreenSign).

ISBN 978-3-96093-652-7

Gedruckt bei Polygraf Print, Čapajevova 44, 08001 Prešov, Slowakei

www.emf-verlag.de

FSC www.fsc.org MIX Papier aus verantwortungsvollen Quellen FSC® C145070